JN303338

スクールソーシャルワークの実践方法

石川瞭子 編著

青弓社

スクールソーシャルワークの実践方法

目次

まえがき　石川瞭子——7

はじめに　石川瞭子——11

第1章　なぜスクールソーシャルワーカーが必要なのか　門田光司

1　2つの事例から——13
2　学校でのソーシャルワーク実践の必要性——15
3　学校でのソーシャルワーク実践の方法——18
4　わが国でのスクールソーシャルワーカーの役割業務——20
5　わが国でのスクールソーシャルワーカー養成の課題——24
6　わが国でのスクールソーシャルワーカーの今後——25

第2章　学校経営者としてスクールソーシャルワーカーに期待すること　水野善親

1　小学校でのスクールソーシャルワーカーの活動について——28
2　スクールカウンセラーの活動について——32
3　スクールソーシャルワーカー・スクールカウンセラーの必要性——本当の意味で学校現場が必要としているもの——36

第3章　アメリカでの取り組みとスクールカウンセラーとの連携　佐藤量子

1　アメリカのスクールソーシャルワーカー制度——40

2 日本のスクールソーシャルワーカー制度——42
   3 スクールカウンセラー制度——43
   4 スクールカウンセラーとの連携——事例から——45

第4章　特別支援教育でのスクールソーシャルワーカーの役割　藤井茂樹

   1 特別支援教育の現状——57
   2 障害のある児童・生徒への支援（家族支援を中心に）——58
   3 障害のある子どもの支援におけるスクールソーシャルワーカーの役割——66

第5章　事例別スクールソーシャルワークの実践方法　石川瞭子

   1 12事例からスクールソーシャルワーカーの仕事を検討する——71
   2 事例の振り返り——105
   3 12事例から見る社会的対応の課題——110
   4 学校の精神保健上の問題——113
   5 児童期・思春期の精神保健上の問題——125
   6 家庭の精神保健上の問題——133
   7 スクールソーシャルワークの実践方法——146
   8 全体のまとめ——154

第6章 学校の精神保健での
　　　ナラティブアプローチの提案　鵜飼彩子

　1　ナラティブアプローチの実践モデル——162
　2　事例検討——164
　3　調査結果——173
　4　考察——174

あとがき　石川瞭子——181

謝辞　石川瞭子——183

カバー写真——亀井宏昭
装丁——滝澤博［四幻社］

まえがき

石川瞭子

　ある父親は、「不登校の解決が目的でなく、家族が家族であるために、学校が学校であるために不登校を解決する。その言葉の意味を、夫婦で理解できるようになったことを本当に感謝しています」と手紙に書いてきた。子が不登校になって半年、両親でさまざまな機関に出向いたが、こぞって「待つように」と言われ、それしか方法がないのかと焦燥感にさいなまれていた。その間の家族の苦しみは筆舌に尽くし難かったそうだ。

　そんなころ、筆者の著書に出会った。そこには、「第２の出産」として父親が中心になって不登校を解決する方法が具体的に書いてあった。父親は拙著３冊を２回通読し、母親にいままでの不在をわびて協力を取り付け、学校に出向いて担任らに再登校への協力を求め、職場関係者の理解を得て、同居している祖父母も説得し、子の不登校を解決した。

　父親は小児科の医師だ。毎日、子どもの命を預かる地域の中核病院の小児科を背負い、研修医の指導や研究論文の執筆などで家庭生活がなおざりになりがちだった。そんな父親を支えていたのがけなげな母親である。父親は心の底から母親にわびた。「いままで自分の関与が足りずにこうなった。自分に責任がある」と母親に伝え、「不登校を解決するために、父親が遠い存在で母親が子に振り回される構造が抜本的に解決されないといけない。協力してほしい」と頭を下げた。そして両親で不登校を解決した。

　父親が中心になって家族の問題を解決する、これは短期療法のなかの「例外の発見」という解決方法の一つである。解決をしようと頑張ってきた生活のなかに解決のヒントが隠されている。不登校の場合、多くは母親が教育関係者と解決に向けた努力をしている。それで解決に至る例も多いが、解決が得られない例もある。解決が得られない例のなかにほかの方法がないのかと考え始める親がいる。その一人が上記の父親である。

　この父親は、「父親として何もできないことがどんなにつらいことか身をもって知った」という。そして「不登校を解決して家族の再建を果たす」と決意する。父親にとって子が不登校で在宅している家庭が最もストレスフル

な場になっていた。家庭が家庭でなくなっていたのだ。父親は家庭を取り戻そうと立ち上がった。

拙著『不登校と父親の役割』を青弓社から出版してちょうど10年が経過した。これは博士論文「不登校問題の理解の多様化と混迷をめぐって――不登校の社会福祉学的研究」(日本社会事業大学、1998年)の内容を一般向けにしたものだった。その後、2002年に『不登校から脱出する方法』、07年には『不登校を解決する条件――中・高生を中心に』(ともに青弓社)を著した。それらの一貫した内容は、不登校をめぐるやさしさはレトリックであり社会的ネグレクトに該当するということである。したがって、大人は大人としての責任を自覚して具体的な行動をとるべきだとして生活の変化を促した。変化の一つが父親による第2の出産である。

この父親は見事に変化した。筆者らは父親に畏敬の念を抱いた。そして言った。「お父さんは不登校を解決した。立派だ。しかし、お父さんは医師として患者さんの不登校には従来どおり待つようにと言うのでしょうね」。父親は言った。「待つことが必要なケースと、待ってはいけないケースがある。それを見極めて、時期がきたら親を動かし登校させる。子どもにとって学校という社会生活が極めて大事だからだ」。そして付け加えた。「子どもの発達に応じた親の責任というものを子の不登校から学んだ」

第1作『不登校と父親の役割』を出版して10年、筆者は本書『スクールソーシャルワークの実践方法』を執筆した。学校は、いまだかつて経験したことがないほど深刻な精神保健上の問題を抱えている。不登校や校内暴力や非行という古い問題だけでなく、リストカットや拒食症、ブログへの誹謗中傷やチェーンメールによるいじめ、放火殺人や自殺、児童買春や薬物汚染などの新しい問題が発生している。

現代社会の闇に影響された児童・生徒の生活をどのように立て直し、精神保健上の問題を解決していくかが、いま、社会的に問われている。しかしながら学校の精神保健は、児童期・思春期の発達と生活、家庭・地域の精神保健や職場のメンタルヘルスの問題と重層的に連動し、交差している。専門家といえども、何が問題で何が症状で何が主訴なのかわからなくなってしまい、

問題そのものに巻き込まれ、自分自身の同一性を失い、自分自身が問題の形成に加担してしまうこともある。

　スクールソーシャルワーカーは、児童・生徒の家庭生活に関わる学校福祉の専門家として必要な存在である。それに筆者も異論はない。しかし学校という現場に身を置き、具体的に何を使命とするのか、筆者はイメージできない。子どもと教師の心の問題への対応はスクールカウンセラー、発達障害は特別支援教育コーディネーター、児童期・思春期の健康保健は養護教諭、ほかに学内には進路指導や教育相談の専門の教諭がいる。学外には適応指導教室、特別支援学校、教育センター、福祉センター、児童相談所、保健センター、警察署などの関連機関がある。それら学校内外の人材とどのように住み分けるのか。

　日本社会福祉士養成協会の2008年11月8日付の「スクールソーシャルワーク教育課程認定事業に関する規定」（案）によれば、スクールソーシャルワーカーは児童・生徒と家庭の諸問題に対して学校関係の諸機関の協働と連携の中枢に位置して、調整と解決を志向する専門職だと示唆されている。

　協働や連携はもちろん大事だ。大事だが、協働や連携それ自体が目的ではない。目的は児童・生徒と家族の自立にある。スクールソーシャルワークの目的は児童・生徒と家族の自立の支援で、発達と生活に関わることである。自立の支援で発達と生活に関わるということは、学校の精神保健福祉の領域に軸足を置くことではないかと筆者は考える。

　先の父親は、「待つことが必要なケースと、待ってはいけないケースがある。それを見極めて、時期がきたら親を動かし登校させる。子どもにとって学校という社会生活が極めて大事だからだ」と述べている。私たちはこの父親から学ばなくてはならない。父親は解決を通して親として医師としての自己同一性を達成させた。私たちも学校の精神保健福祉の問題と対峙し、スクールソーシャルワーカーとして専門性を磨き、職業と自己の同一性を確立したい。

　　　　　　　　　　　　2009年5月5日　　鶯が鳴く高崎寺尾の寮で

はじめに

石川瞭子

　児童期・思春期の精神保健がいま危機的状況にあるといわれる。不登校やいじめや校内暴力や非行はもとより、近年は引きこもり、ネットいじめ自殺、リストカットに摂食障害、若年妊娠や児童買春、窃盗などの凶悪事件の増加、薬物汚染などの諸問題に囲まれて、児童期・思春期のメンタルヘルスが危機的状況にある。

　一方、児童・生徒を取り巻く家庭環境も大きく変化している。家庭をめぐる精神保健の問題は2008年9月来の金融不安に端を発したリストラ、派遣切り、ワーキングプアの大量発生と養育拒否などの虐待の増加、歯止めがかからないドメスティックバイオレンス（以下、DVと略記）と離婚や家族崩壊、薬物や各種の依存症の蔓延、中高年の自殺問題など、深刻な時代を背景に大人社会の問題も多種多様で、しかもいずれも重層化し深刻化している。

　それら児童期・思春期の精神保健上の問題と、家庭をめぐる精神保健上の問題が交差し、新たな問題として構造化され表出するのが学校という現場である。学校の精神保健上の問題は相互に関連し、総合問題として構造化されている。しかも、入り口の多くは不登校という耳慣れた問題として登場する。複合的で重層的な総合問題としての構図をもっていたと知るのは、多くは支援が終わって何年か経過した後である。したがって問題の全体が見えない関係者は、出口を見出せず無能感に陥る。そうしたなか、「やさしさ」で問題をかわす人もいる。

　受容や共感や傾聴は大事だ。ソーシャルワーカーであれば、まずそれらの原則を遵守しようとするだろう。しかし、受容や共感や傾聴は手段であって目的ではない。目的は児童・生徒と家族の発達と生活を支援することで、それはときに厳しい態度で迫らなければならない場合もある。その理由は、学校という現場が時間との勝負という側面をもつからだ。その点をスクールソーシャルワーカーはわきまえなくてはならない。そして総合問題としての構図、階層性や循環性があることを認識し、解決の優先順位をつけなくてはならない。

さらに、主訴・症状・問題のそれぞれがもつ固有の性格を熟知する必要がある。スクールソーシャルワーカーが問題の見立てと見通しと手立てを検討できなければ、問題は存在しないに等しいし、それは放置されることになる。先の父親と家族全員は「そのうちよくなります。待ってみたら」と言われ、必要もない長い苦渋の生活を強いられたが、それと同じことを繰り返してはならない。ワーカーは問題を見立て、見通しを立て、手立てとして他職種と協働し、多機関と連携することを検討する必要がある。
　本書の構成は、第1章「なぜスクールソーシャルワーカーが必要なのか」を門田光司が論じ、第2章「学校経営者としてスクールソーシャルワーカーに期待すること」を水野善親が、第3章「アメリカでの取り組みとスクールカウンセラーとの連携」を佐藤量子が論じる。そして第4章「特別支援教育でのスクールソーシャルワーカーの役割」を藤井茂樹が、第5章「事例別スクールソーシャルワークの実践方法」を石川が、第6章「学校の精神保健でのナラティブアプローチの提案」を鵜飼彩子が論じる。

第1章

なぜスクールソーシャルワーカーが必要なのか

門田光司

1　2つの事例から

●事例1：山田家の子どもたち

　山田家の家族構成は、母親（40歳）、実香（中学2年）、隆夫（中学1年）、可奈（小学3年）、和也（小学1年）、真美（4歳）の6人家族である。真美を除いた山田家の子どもたちに共通する学校問題は遅刻・欠席である。
　母親は父親と離婚後、深夜のパート業務に就き、夕刻から出勤し、早朝帰宅する。帰宅後はそのまま布団に潜り込んで寝入っているため、子どもたちは登校時間になっても母親から起こされることがない。そのため、子どもたちも眠り込んでいる。特に問題になっているのは、山田家が夜中、実香の遊び仲間の溜まり場になっていることだ。実香や遊び仲間の喫煙によって、きょうだいたちは煙が立ち込めるなかで一晩中遊んでいる。また、母親の養育意識の乏しさから、子どもたちは服を着替えることも、風呂に入ることも、歯を磨くこともない。学校から帰宅したら、そのままの服で夜まで過ごし、その服で寝て、翌朝起きて、学校に行くこともある。
　小学生の可奈と和也が目を覚まして学校に着くのは11時ごろで、タバコ臭いヨレヨレの服でやってくる。登校した際は、特に学校でトラブルを起こすことはないが、授業中は眠気が襲い、熟睡してしまう。そのため、2人とも学習は遅れがちである。2人の担任教師、校長、教頭は母親への対応に苦慮していた。以前、2人を登校時間に連れてきてもらうために、一度、担任教師が朝の8時半に母親に電話を入れたことがある。すると、電話口に出た母はすごい剣幕で「いま何時だと思っているのよ！　朝方、仕事から疲れて帰ってきているのに、電話なんてしないでよ！」と怒鳴り、一方的に電話が

切られてしまった。校長と教頭は仕事前に母親に学校に来てもらい話し合うことにした。しかし、母親は学校から呼び出されたことに激怒し、校長室に怒鳴り込んできた。それを機に、学校と母親との関係は良くはない。小学校では「あの母親は激しい」という印象から、可奈と和也の欠席や遅刻に積極的に関われないでいた。

　一方、中学生の実香も隆夫も遅刻、欠席が常習化していた。特に、実香は真美を保育所に連れて行くよう母親から言われているため、11時ごろに真美を保育所に連れて行く。その後、学校に直接来る場合もあれば、遊び仲間と一緒に遊び歩き、学校に来ない場合もある。そして、夕方、実香は再び真美を迎えに保育所に行き、連れて帰る。

　隆夫は遅刻はしてくるが、授業中、眠ること以外、特に学校でトラブルを起こすことはない。しかし、最近、クラブ活動で上級生と口喧嘩をしてから、欠席が増えてきている。

　中学校の担任教師、校長、教頭、生徒指導教師も小学校と同様に、実香や隆夫のことで母親と接触を図ったが、学校に呼び出すとすごい剣幕で怒鳴り込んでくるため、なかなか良好な関係が築けないでいた。中学校は給食がないが、母親は弁当を作らない。そのため、中学校が危惧するのは、2人が昼食を抜いていることである。また、近頃では、実香の容姿がだんだん派手になり、髪は金髪で、喫煙も学校では堂々とするようになってきた。

　このような状況から、小学校、中学校、それぞれが状況打開のために単独で児童相談所に相談依頼をした。しかし、児童福祉司が一度家庭訪問をおこなった際、案の定、児童福祉司も怒鳴られて追い返されている。その事態を知った小・中学校は、児童相談所は当てにならないという気持ちを膨らませた。山田家の子どもたちへの支援の光は一向に見えないでいた。

●事例2：いじめ

　ある日、小学6年の彩花は友人の朋美に「職員室に行ってくるから帰るの待っててね」と言って職員室に向かった。しかし、その日は何となく朋美の愛想は悪かった。彩花が職員室から教室に戻ってみると、すでに朋美の姿はなかった。そして翌日、彩花は朋美に「どうして先に帰ったの？」と話しかけたが無視された。

彩花は自宅に帰って、無視する理由が知りたくて朋美に電話をかけた。しかし、朋美の母親からは「今日は疲れているので電話には出たくない」と言っているという返事が返ってきた。そして1時間後、朋美からファクスが届いた。「あなたが私の悪口を言っていると聞いたので、あなたを無視することにしました」。驚いた彩花は再度、ファクスで「そんなことは言ってないよ。誰がそんなことを言ってるの？　教えて」と返事を返したが、朋美からの返事はこなかった。

　翌日、彩花は登校したが、朋美から無視されるだけでなく、いままで話していたほかの友人たちからも無視されるようになった。彩花の様子がおかしいことに気づいた母親は、再三、彩花に尋ねたが、彩花は「何もない」としか言わなかった。そして、次の朝、彩花は気分が悪いといって学校を休んだ。このとき、母親が強く様子を尋ねたので、彩花は泣きながら状況を話した。

　その日の夕方、母親は担任教師に相談に行った。担任教師は「わかりました。明日、対処します」と言ってくれたので、母親の気持ちも落ち着いた。母親は帰宅後、彩花に担任教師の言葉を伝えた。それを聞いた彩花の顔にも笑顔が見られた。

　翌日、担任教師は授業を中断して、「朋美が彩花をいじめていると聞いたが、どうなんだ？」とみんなの前で尋ねた。担任教師から突然指摘された朋美は、「そんなことは絶対ありません。彩花ちゃんは大嘘つきです！」と泣きながら訴えた。事態にショックを受けた彩花は、担任教師から「朋美はあのように言っているが、どうなんだ」と言われても何も言えなくなってしまった。何も解決しないままで、休み時間にはほかの友人たちは朋美を慰め、鋭い目で彩花を見るようになった。この朋美と友人たちの態度に、彩花の不信感は募っていった。そして、翌日から彩花の登校意欲は失せてしまい、不登校になってしまった。

2　学校でのソーシャルワーク実践の必要性

　2つの事例は特異な事例ではない。山田家の事例のように、親の貧困や離婚、養育意識の低下、教育価値の低下、虐待、酒癖、そのほか、これらの要

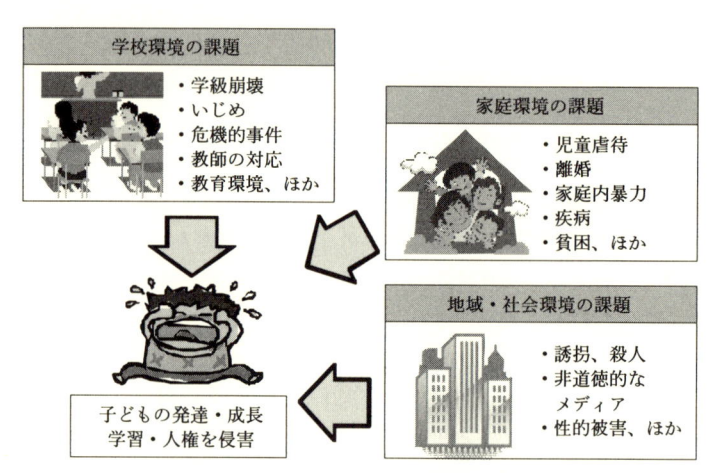

図1　子どもの発達・成長、教育保障を妨げる環境要因

（学校環境の課題：学級崩壊／いじめ／危機的事件／教師の対応／教育環境、ほか）

（家庭環境の課題：児童虐待／離婚／家庭内暴力／疾病／貧困、ほか）

（地域・社会環境の課題：誘拐、殺人／非道徳的なメディア／性的被害、ほか）

→子どもの発達・成長　学習・人権を侵害

因が重なり合った家庭環境に身を置く子どもたちは、家庭が落ち着く居場所とはならず、学校での学習意欲も低下していく。

　一方、彩花の事例のように、学校でのいじめや友人関係のトラブル、教師のモラルを欠いた発言や行為、学級崩壊や学校崩壊などで、ある子どもは不登校になり、ほかの子どもは落ち着いて教室で学習に取り組むことができない。これによって、子どもたちは教育を受ける機会や権利が妨げられていく。

　日本国憲法と教育基本法には、「義務教育」と「教育の機会均等」が謳われている。子どもたちは教育を通して、人格形成と将来への進路に向けた自己実現を果たしていく。しかし、図1に示すように、今日、子どもたちの発達・成長や教育を受ける機会・権利を妨げ奪っていく家庭・学校・地域社会の環境要因は多様に存在する。同じ人間としてこの世に生を受けながら、これらの環境要因によって等しく発達・成長し、教育を受ける機会や権利が妨げられ奪われていくことは、不平等なことだ。子どもたちがこのような環境要因を抱えている場合、環境の改善に取り組んでいかなければならない。その取り組みとして、ソーシャルワークの実践がある。

　ソーシャルワークの専門的視点は、「人と環境との相互作用」に焦点を当てることである。子どもたちが抱える状況は、子どもと家庭・学校・地域社会との相互作用で生じていると捉えられる。例えば、図2に示すように、不

図2　ソーシャルワークの視点で捉えた不登校という状況

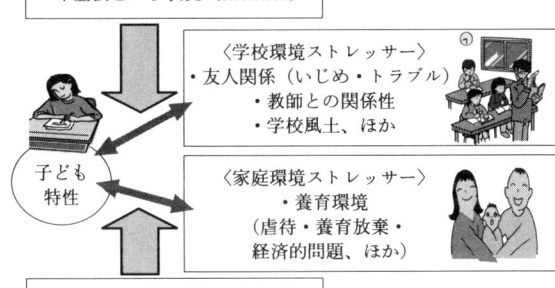

登校という状況は、学校環境でのいじめや友人間のトラブル、または家庭環境での親のネグレクトや教育価値の低下などによってもたらされている。これらは、子どもと友人や教師、保護者との相互作用によるものであり、その相互作用の結果として子どもは学校への登校意欲を低下させていく。

　そこで、ソーシャルワーク実践が必要になる。ソーシャルワークの主眼は、子どもが抱える状況を改善するために環境にはたらきかけ、子どもにとって良好な環境に改善していくことにある。

　ただし、ソーシャルワークでは、実践の使命として「人権と社会正義」を価値基盤に据えている。子どもは誰しも幸せに過ごし、生きる権利がある。それを侵害する家庭内の児童虐待や学校でのいじめは人権侵害にあたる。また、不登校という状況は教育の機会や権利が奪われている状況であり、不登校でない子どもと比較して不平等である。社会正義とは権利が平等である社会をさすが、その不平等な環境を改善していくことを使命とするのがソーシャルワークだ。ソーシャルワークとは、「人権と社会正義」という使命に基づいて子どもの抱える状況を改善していくことを目的とする。

　教育という機能を目的とする学校教育分野で、今日、ソーシャルワーク実践が求められる状況は、表1に示すように多様にある。そして、子どもたちが抱える多様な状況に対し学校教育分野でソーシャルワークを実践していく専門職として、「スクールソーシャルワーカー」が求められているのだ。

表1　学校でのソーシャルワーク実践による支援が求められる子どもの状況

○不登校への支援
1．本人支援
2．家庭支援
3．学校支援
○児童虐待への支援
1．児童虐待の早期発見
2．児童虐待の早期対応
3．児童虐待に対する学校－家庭－関係機関の協働による支援
○暴力課題への支援
1．非行予防プログラム
2．暴力のない学級・学校づくり
3．暴力への早期発見と早期対応
4．いじめの予防と児童生徒への支援
5．家庭内暴力への支援
6．非行児童生徒への学校－家庭－関係機関の協働による支援
○発達障害等の児童生徒または保護者への支援
・ADHD、LD、広汎性発達障害（自閉症、アスペルガー症候群、ほか）、身体障害、知的障害、ほか
○精神疾患などの疑いまたは診断を受けた生徒または保護者への支援
・精神障害，行為障害，分離不安障害，強迫神経障害，食障害，ほか

3　学校でのソーシャルワーク実践の方法

　スクールソーシャルワーカーの業務は、アメリカで生まれた。今日、アメリカのスクールソーシャルワーカーが関わる生徒支援としては、暴力、児童虐待、怠学・中退、薬物乱用、十代の妊娠・出産、家庭の貧困、ホームレスなど、そして特別支援教育である。特に、暴力問題は主要な学校課題である。それは、暴力が学校での子どもの学習や精神的発達に深刻な影響を及ぼすからだ。そのため、"Safe School"として、学校はすべての暴力に取り組まなければならない。
　例えば、アメリカでは、学校区の教育委員会や学校長がいじめも含めたすべての形態の暴力に対する取り組みに失敗すれば、「持続的に危険」（persistently dangerous）と指定され、連邦基金や入学希望の生徒を失うことになる。そのため、学校は公的基金を使って、Safe Schoolのために最善の成果を上げていくことを目指す。その取り組みの一環には、「ゼロトレランス」（zero tolerance）がある。これは、寛容さをなくし、生徒規律指導を厳格

表2　スクールソーシャルワーカーの役割業務
（出典：「アメリカ・スクールソーシャル協会パンフレット」）

> 【積極的な学校－家庭コミュニケーション】
> 生徒の成功（success）は、家族、教師、スクールソーシャルワーカーが協働して学校－家庭コミュニケーションに積極的に取り組むとき最高潮となる。この目標は、家族、教師、スクールソーシャルワーカーの役割で成し遂げられる。そして、スクールソーシャルワーカーは以下の役割を担う。
> ・危機介入、カウンセリング、支援、ケースマネジメントをおこなう。
> ・生徒、家族、学校職員間の信頼関係を築く。
> ・生徒と家族の守秘義務を守る。
> ・学習の障壁を理解し、改善していくために、家庭訪問をし、家族と面談する。
> ・生徒および家族と学校および関係機関をつなぐ。
> ・家族が子どもの教育に効果的に参加するように促す。
> ・生徒の学業への社会的情緒的障壁をアセスメントするため、すべての学校職員と協働する。
> ・家族から情報を収集する。
> ・家族が学校施策やサービスを理解できるように援助する。
> ・学業問題や行動問題をもつ生徒への支援計画に際し、教師や校長を援助する。
> ・学校と家族の不同意の仲介に入る。
> ・教師や管理職が対応した生徒問題のフォローアップをおこなう。
> ・予防活動や介入方法を開発し、促進していく。

におこなうとする方式で、Safe Schoolのために、悪質な規律違反生徒には放校を含む重い処罰を与える指導方式だ。

また、アメリカでは低所得層地域の生徒が通う学校では、ギャンググループへの対応が求められる。これに対しては、学校にスクールポリスが配置されている。ただし、スクールポリスは、生徒たちの暴力抑止の役割に加え、良き話し相手でもある。

一方、筆者が訪問調査したアメリカやカナダの教育委員会担当者やスクールソーシャルワーカーに、日本のような不登校問題があるかと尋ねてみると、ないという返答である。それは、オルタナティブスクールなどほかの教育機関が多くあり、通学している学校が生徒に合わなければ、義務教育を保障するためにほかの教育機会の選択が可能だという。

国によって学校が抱える子どもの問題には違いがある。しかし、学校でのソーシャルワーク実践をおこなうスクールソーシャルワーカーの役割業務は共通だ。表2は、アメリカ・スクールソーシャルワーク協会が掲げているスクールソーシャルワーカーの役割業務である。

学校の主な機能は教育である。子どもが学校で学習できるように、スクールソーシャルワーカーはカウンセリングを主要業務としながら、子どもの権

利を代弁し（アドボカシー）、子どもと家族、学校と家族、子どもと学校が良好な関係性を築くように仲介役を果たす。また、関係機関への紹介や情報提供、そして学校と関係機関が協働して子どもの抱える状況を改善していくための取り組みをおこなう。

また、アメリカのスクールソーシャルワーカーは、1975年の全障害児教育法の制定によって、障害のある子どもへの個別教育プログラム（IEP）に際して、①子どもの社会発達歴の情報収集と②多専門職会議への参加、③子どもが受ける権利に関して親へのアカウンタビリティ、④障害児の通常学級への移籍に関するアセスメントなどの役割が与えられた。そして、今日でも特別支援教育の財源で雇用されているスクールソーシャルワーカーは障害のある子どもの個別教育プログラムの支援が中心になる。

全米のスクールソーシャルワーカーを対象としたマイケル・S・ケリーらの2008年の調査結果では、勤務校は小学校が44パーセント、中学校18パーセント、高校21パーセントである。また、担当校数は、1校だけの担当が40パーセント、2校担当19パーセント、3校担当11パーセント、4校以上担当32パーセントである。そして、89パーセントが公立学校で公教育予算で雇用されている。

4 わが国でのスクールソーシャルワーカーの役割業務

わが国では、1997年の兵庫県神戸市須磨区の連続児童殺傷事件をきっかけに、文部省（当時）は「児童・生徒の問題行動等に関する調査研究者会議」を設け、98年3月に「学校の「抱え込み」から開かれた「連携へ」――問題行動への新たな対応」の報告書を提出した。この報告書では、学校だけでは対応できない問題が増加していることを十分認識する必要があり、学校は関係機関と連携していくことを提言している。

その後、学校と関係機関が機動力のある連携を推進していくために、行動連携として「サポートチーム」づくりの推進が提言された。しかし、課題として指摘されてきたのは、学校と関係機関の連携調整を図るコーディネーターの存在だった。ここに、スクールソーシャルワーカーの配置を提案する意

表3　文部科学省「スクールソーシャルワーカー活用事業」内容

> 教育と福祉の両面に関して、専門的な知識・技術を有するとともに、過去に教育や福祉の分野において、活動経験の実績などがある者
> ① 問題を抱える児童生徒が置かれた環境へのはたらきかけ
> ② 関係機関などとのネットワークの構築、連携・調整
> ③ 学校内におけるチーム体制の構築、支援
> ④ 保護者、教職員などに対する支援・相談・情報提供
> ⑤ 教職員などへの研修活動　　など

見が出始めてきた。

　そして、2000年の香川県や茨城県結城市、兵庫県赤穂市をはじめとして、06年には大阪府など、各教育委員会が独自にスクールソーシャルワーカー事業を開始する。このような経緯によって、ついに08年、文部科学省は「スクールソーシャルワーカー活用事業」を開始した。まさにこれが、わが国のスクールソーシャルワーカー元年となった。

　しかし、表3に示すように、文部科学省の活用事業では「スクールソーシャルワーカー」という名称が用いられながら、ソーシャルワーク実践の文言が明記されていない。そのため、「スクールソーシャルワーカー」という肩書をもつ人がソーシャルワークを実践していないという事態が生じている。実際、ソーシャルワークの専門職である社会福祉士や精神保健福祉士ではない退職教員や家庭児童相談員、スクールカウンセラーなどが採用されているのである。

　また、スクールソーシャルワーカーの配置形態にもいくつかのタイプが生じているが、大別すると3つのタイプに分けられる。1つ目は、「派遣型」である。これは、複数の小・中学校を担当し、学校からの相談依頼で派遣されていくものである。「派遣型」では、相談依頼を受けて学校に出向き、コンサルテーション(助言)や子どもの面談をおこなう。しかし、対象とする学校数が多く、子どもへの継続的な支援をおこなうことができにくいという課題がある。

　2つ目は、「指定校配置型」である。これは、指定された小・中学校に週1、2日程度配置されて業務をおこなうものだ。「指定校配置型」では、学校内のケース会議でのコンサルテーション(助言)や子どもとの面談などが主要業務である。ただし、週1、2回程度の勤務となると、学校側も子どものケースを依頼したいがスクールソーシャルワーカーの勤務時間の制約で依頼

しづらいなどの課題がある。

3つ目は、「中学校区・拠点巡回型」である。これは、中学校区を対象として、小・中学校の連携、地域の関係機関や学校支援者のネットワークづくりなどを推進していくものだ。

本来、スクールソーシャルワーカーの業務は、子どもへの直接支援である。アメリカやカナダのスクールソーシャルワーカーの主業務はカウンセリングだが、カウンセリングを主業務とする場合には「指定校配置型」の選択もいいかもしれない。しかし、わが国では、子どもたちの抱える状況を学校・家庭・関係機関が協働して取り組んでいくことが求められている。この直接支援をスクールソーシャルワーカーが担っていくためには、「中学校区・拠点巡回型」がいいと考える。

中学校区・拠点巡回型（図3を参照）では1つまたは2つの中学校と数校の小学校が対象になるが、スクールソーシャルワーカーは特に支援を要する子どもたちを抱える中学校区を担当することになる。小・中学校に定期的に出校して子どもたちと面談したり、家庭訪問で保護者面談をおこなったりする。また、子どもの支援に際しては、子どものニーズを主眼として、学校、スクールソーシャルワーカー、関係機関が協働して取り組んでいく。これを「校外協働」という。

「校外協働」では、学校、児童相談所、生活保護課、行政機関、民生委員・児童委員、主任児童委員、その他地域の支援者が参集した支援ケース会議を開催し、その場で情報を共有し、支援の役割分担を担い、支援を実行していくことが必要になる。そのため、支援ケース会議に際しては、スクールソーシャルワーカーは、①学校と協議して参加者と会議の日程を調整するとともに、②子どもが抱える状況に関して収集した情報（「状況分析アセスメント」）を提供し、③支援計画での役割分担を協議していく進行役を担うことになる（図4を参照）。

特に支援を要する子どもには、山田家の事例のように小・中学校に在籍するきょうだい全員を対象とする場合もある。この場合には、小・中学校合同の支援ケース会議による協働した取り組みが欠かせず、スクールソーシャルワーカーは小・中学校連携を推進する実践が求められる。

図3　中学校区・拠点巡回型でのスクールソーシャルワーカーの役割業務

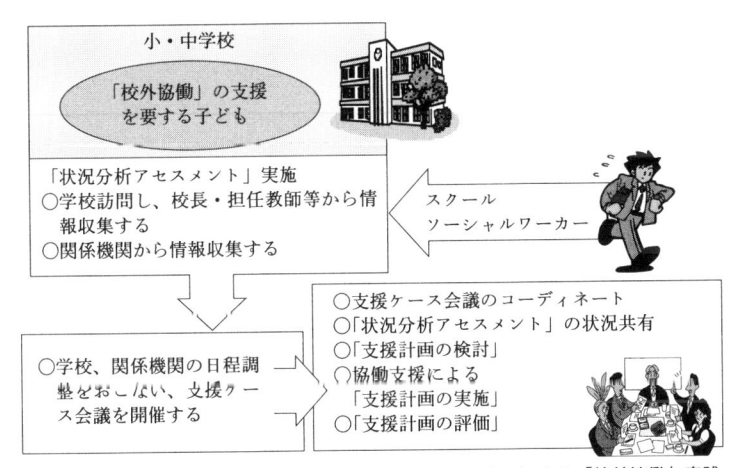

図4　中学校区・拠点巡回型のスクールソーシャルワーカーによる「校外協働」実践

5 わが国でのスクールソーシャルワーカー養成の課題

　アメリカを含めカナダでも、スクールソーシャルワーカーの養成は大学院修士課程でおこなわれている。2年間の修士課程で、ソーシャルワークにおける専門学習「ソーシャルワーク修士号」と2年間のインターンシップによるトレーニングを受けた人がスクールソーシャルワーカーとして勤務に就いている。

　特にアメリカでは、スクールソーシャルワーカーとして勤務するためには、州によっては州が定める資格要件と試験を受けて合格する必要がある。

　例えばコネチカット州では、①ソーシャルワーク修士号、②コネチカット州保健局によるソーシャルワーク認可証、③コネチカット州教育委員会による専門教師認可証（professional educator certificate）の3つを保有している必要がある。イリノイ州でも、①ソーシャルワーク修士号、②イリノイ州によるスクールソーシャルワーカーになるための研修プログラムの受講、③修士号を有するソーシャルワーカーからの400時間以上のスーパービジョンと学校での600時間以上のインターンシップ、④イリノイ州教育理事会による基礎と専門の試験に合格することが要件になっている。ケリーらの調査結果でも、回答者の87パーセントはソーシャルワーク修士号をもっており、70パーセントは州のスクールソーシャルワーカー資格や認可証をもっている。

　一方、わが国では、ソーシャルワーカーは社会福祉士と精神保健福祉士の国家資格の保有が基準であり、その国家試験受験に必要な科目の履修が人材養成課程になっている。福祉系大学では社会福祉士と精神保健福祉士の国家試験科目の履修以外にソーシャルワーカー養成のための独自の科目、例えば医療ソーシャルワークや司法福祉、家族福祉、または学校ソーシャルワーク（またはスクールソーシャルワーク）を開設している。しかし、短期大学や専門学校、通信課程での社会福祉士と精神保健福祉士養成課程では、国家試験科目の履修に限定される。つまりわが国のソーシャルワーカー養成は、アメリカやカナダのように大学院修士課程レベルではなく、学部や短期大学、専門

学校レベルであり、その専門性の格差が著しいのだ。
　さらに、スクールソーシャルワーカーは、学校教育分野でソーシャルワークを実践する。そのために求められる専門知識としては、教育学や学校運営などの学校教育の専門知識に加え、不登校や非行などの生徒指導や教育相談、特別支援教育などについての専門知識も保有しておく必要がある。そして、学校教育現場に配置または派遣されたその日から、校長や教頭、教職員からその実践成果が評価される。その意味で、福祉現場の新任職員のように上司から業務を教えられ、育てられていくという職場環境ではない。
　このように、わが国ではいままでソーシャルワーカーが学校教育現場で活躍することもなく、スクールソーシャルワーカーの人材養成もおこなわれてこなかった。この状況から、2008年度の文部科学省の「スクールソーシャルワーカー活用事業」では、その人材としては「教育と福祉の両面に関して専門的な知識・技術を有するとともに、過去に教育や福祉の分野で、活動経験の実績等がある者」となっている。そのため、前述したように社会福祉士と精神保健福祉士以外の人が職に就いている自治体もあり、ソーシャルワークが実践されていないという事態にある。

6　わが国でのスクールソーシャルワーカーの今後

　2008年度、日本社会福祉士養成校協会は「スクール（学校）ソーシャルワーク教育課程認定事業」を設置した。これは「スクールソーシャルワーカー活用事業」の開始に合わせて、スクールソーシャルワーカー養成が緊急の課題としてあがってきたからだ。この事業は、表4に示す科目設置の認定がされた養成校で実施できる。そして、表4の科目履修者が社会福祉士の国家資格を保有した後に、日本社会福祉士養成校協会に科目履修ずみの申請をすると、「社団法人日本社会福祉士養成校協会認定スクール（学校）ソーシャルワーク教育課程修了者」として修了証が交付され、登録される。
　ただし、この課程を履修した者がすぐにスクールソーシャルワーカーになれるというものではない。社会福祉士と精神保健福祉士の国家資格を保有し、ソーシャルワークの相談援助経験を蓄積したうえでこの課程を履修しておく

表4　スクール（学校）ソーシャルワーカー養成課程科目

科目	時間数
スクール（学校）ソーシャルワーク論	30時間
スクール（学校）ソーシャルワーク演習	15時間
スクール（学校）ソーシャルワーク実習指導	15時間
スクール（学校）ソーシャルワーク実習	80時間
教育の基礎理論に関する科目のうち、「教育に関する社会的、制度的または経営的事項」を含む科目を1科目以上	30時間
教育の基礎理論に関する科目のうち、「幼児、児童及び生徒（障害のある幼児、児童および生徒を含む）の心身の発達および学習の過程に科する事項」を含む科目を1科目以上	30時間
精神保健学（社会福祉士国家試験受験だけの場合）	30時間
児童や家庭に対する支援と児童・家庭福祉制度（精神保健福祉士国家試験受験だけの場合）	30時間

（出典：社会福祉士養成協会の資料から作成）

ことで、スクールソーシャルワーカーとしての基礎的知識をもって学校教育現場に入っていくことになる。

　今回、わが国でもソーシャルワーカーが学校教育現場に入る扉が開いた。それは長年待ち望まれたことだ。しかし、今後はその専門性と実践力が問われてくることになる。そのため、スクールソーシャルワーカー自身も専門的実践を蓄積し、子ども支援に際してなくてはならない専門職として認知されていく努力が必要だ。その研究と努力を怠ったとき、今回開いた扉は閉じてしまうかもしれない。

引用・参考文献

Kelly,S.M.,Berzin,C.S.,Frey,A.,Alvarez,M.,Shaffer,G.,& O'Brien,K. *National School Social Work Survey Final Report*, 2009.
Allen-Meares,P, "Social work services in schools: A national study of entry-level tasks" ,*Social Work*,5,1994, pp.560-565.
門田光司『学校ソーシャルワーク入門』中央法規出版、2002年
Whitted Kathryn, and David Dupper, "Best practices for preventing or reducing bullying in schools" ,*Children & Schools*,27（3）, 2005, pp.167-174.
日本学校ソーシャルワーク学会編『スクールソーシャルワーカー養成テキスト』中央法規出版、2008年

第2章
学校経営者として
スクールソーシャルワーカーに
期待すること

水野善親

はじめに

　小学校へのスクールソーシャルワーカーの配置は、現場にとって強いインパクトをもって迎えられたのではないだろうか。2008年度にA市に派遣されたスクールソーシャルワーカーは3人だったが、その活躍を考察しながら、スクールカウンセラー・スクールソーシャルワーカーと学校のあり方について考えてみたい。

　少子化の波はこの10年、義務教育の世界に大きな影響を与えている。都市の中央部や地方の地域社会では急激に児童数が減少し、その結果、100年を超える伝統ある小学校も次々と廃校になったり統廃合の対象になったりしている。少子化に伴う状況の変化への方策として、小・中一貫や中・高一貫教育を導入する行政などこれまでになかった多様な教育環境が今日、整いつつある。各教育現場では新しい教育システムにふさわしい教育はどうあるべきかという視点に立って、積極的な研究活動が実施されている。第二次世界大戦後、制度化された日本の教育制度が、ある意味で制度疲労を起こしていたときに、児童・生徒の減少や教育に対する価値観の変化などによって現場から大きく変化するというのは時代の要請でもあり、必然の結果といえる。

　ところで、ほんの20年前までは、不登校の生徒は教育環境のなかではさほど見られなかったが、この10年で急激に増加し、その増加に伴ってスクールカウンセラーが配置されるようになり、現在では小・中学校で年間28回から31回（1週に1日、1日6時間から8時間）、ほとんどの学校で配置されている。私はこの3月末まで、仕事の関係から小・中学校の校長と話をする機会がたくさんあった。現在の学校にとってスクールカウンセラーは必要不可

欠な存在であり、その活躍する場はますます増加していること、さらにスクールソーシャルワーカーが試験的に配置された学校の校長は今後も確実な配置を求めているということから、これら2つの存在が学校にとって大変重要な役割を果たしていることがわかってきた。ここでは、スクールソーシャルワーカー・スクールカウンセラーの活躍の事例を見つめながら、今後、この立場にある人々と学校との関係はどうあるべきかについてまとめてみたい。

1 小学校でのスクールソーシャルワーカーの活動について

(1) B小学校の場合（2008年度の1年間、スクールソーシャルワーカーが配置される）

B小学校は人口1万2,000人の古くからある町に位置する。町にある唯一の小学校であり、生徒数は約500人。近隣には重工業を基幹産業とする人口25万人弱の市がある。町の人々はほとんどがこの小学校やこの町の外れにある中学校を卒業し、市の中心に位置する複数の公・私立の高校に進学している。親の大半は、県の中央地域、もしくは市の基幹産業に就業しており、失業率は低い。

もともと町内の人口流動性は低く、ここ10年は高齢化が著しい。1980年代後半までは、地域社会のさまざまな習慣が残り、地域の子どもたちを大切に育てる心豊かな町民意識のある町だったが、ここ数年そのような地域社会の健康な意識は崩壊しつつあり、学校現場では、地域の協力体制を新たに創造することが求められている。B小学校の構成は以下のとおりである。

クラス数　16学級　特別支援学級　2学級　計18学級
校長・教頭各1人　主幹教諭1人　専科教諭1人　教諭18人　計22人
事務長　事務主任　保健教諭ほか数人

特別支援学級が2クラスあるが、実際にそのクラスに所属している生徒は数年前までわずか4人だった。しかし学校の関係者から見て、少なくとも10人以上は特別支援学級で学ぶ方が望ましいと判断できる児童がいる。それにもかかわらず、なぜこのような状況にあるのか。その理由を考えるとき、児童の大半が閉鎖的な地域社会で暮らす子どもであるという背景から、この学

校の置かれた立場と、地域社会、そして保護者の考え方などを推理できる。この小学校にスクールソーシャルワーカーが配置されて1年間活動しているが、彼の活動と担任の取り組みについて考えてみたい。

(2) C君（小学校4年生）への取り組み

C君は、近隣の幼稚園を卒園してB小学校に入学してきた。幼稚園から彼の行動や理解力などについての報告があり、小学校は特別支援学級で学習することが適当だと判断し、入学前に保護者と話し合いをもった。しかし保護者がそれを受け入れず、普通学級でもなんとか適応は可能ではないかという意見もあって、彼は普通学級に入学して学ぶことになった。

彼は両親、姉、本人、そして父方の祖父の5人家族である。長女が小学校に上がる前ごろ（C君が4歳ごろ）から両親の夫婦仲は悪く、夫の妻に対する暴力が絶えず、離婚をしたいという希望が夫婦双方にある。C君が2年生ごろになると母親が精神安定剤に依存するようになり、家庭の不和が進行するにしたがってC君の行動が手に負えなくなってきた。多動・奇声・長期欠席、同級生に対する迷惑行為など、学校に来れば教室に適応できず、勢い欠席が増加し、担任は放課後や登校前に家庭訪問をして、学校に来るように指導するが、ほとんど効果がなく、ときには下校中によその家に石を投げたりして学校に厳重な抗議がたびたび入る。そのたびに保護者と相談するが、保護者の方も精神的にほとんど病んでいる状態であり、「彼のすべての問題行動は担任の責任だ」もしくは「学校の責任だ」といった形で反対に居直り、どうにもならない状況が続いた。C君が中学年になる前に、両親に学校でのこれまでの本人の実態を克明に知らせ、C君にとって特別支援学級は、大変役に立つ居心地がいい場所で学習を進めるには最も望ましい場所だということを理解させた。両親がようやく了解したとき、母親が祖父に連れられて来校し、C君を特別支援学級に入れることはできない、自分は先祖代々この地域に住んできて近所や先祖に顔を向けられないといった、C君にとっては実に理不尽な抗議によって結局普通学級に登校することになった。

(3) スクールソーシャルワーカーのC君への指導

B小学校に週3日、ほかの小学校3校もあわせて担当するスクールソーシ

ャルワーカーが2008年度に派遣された。彼は以前にこの地域の保健所に勤務した経験があり、精神保健福祉士の免許を所有するベテランの指導員である。地域の人間関係や土地勘もあり、C君への面接、人間関係づくり、また保護者への指導にすぐに着手することができた。その結果、学校長は、学校としての今後のC君に対する指導の方向性を示すと同時に、担任や旧担任、養護教諭で、これまでの3年間の学校での取り組みを吟味し、C君を特別支援学級に位置づけるためのプランを作った。

3年間の報告をもとにスクールソーシャルワーカーの指導をふまえて校内の担当者で再吟味した結果、C君については特別支援学級に通うことが最も教育的効果が高いと改めて確認できた。にもかかわらずなぜそうすることができないか、その原因を探った。その結果、父方の祖父が反対していること、その兄（伯父）が同じ町内に住んでいて、世間体を気にして普通学級で学習することを強く望んでいることがわかった。C君の父親はその伯父を信頼していることから、父親本人がなんとか学校で教師と話ができても最終的には逃げてしまい、妻と祖父とが学校に来て、学校批判で終わるという状況になっている。また、母親は、夫との折り合いが悪くなったころから精神的に行き詰まり、うつ病と診断された。一時、実家で子どもと生活することもあったが、離婚には至らず、薬物に依存しながら夫の家で生活している。C君が問題を起こすたびに母親に連絡をするが、母親として子どもを指導することも全くなく、特に特別支援学級に入れてはどうかという話になると、すぐに感情的になり、自分の子どもが学校で虐待を受けていると関係機関に投書をしたり匿名電話をかけたりで、C君とこの保護者への対応で担任の体調が崩れそうになっていた。これまで対応は原則として担任がおこなってきたが、それでまかないきれないときは校長・教頭で取り組んできた。

(4) C君への取り組みのプラン

特別支援学級に対する保護者や親族の正しい認識を求めるために祖父・父親の伯父への取り組みをおこなう必要があった。

父親・母親の子どもへの接し方の指導（スクールソーシャルワーカーのサポートのもと、C君の精神的発達状況に応じた対応のあり方について担任や旧担任、養護教諭で、落ち着いて学校生活を送ることができ、特別支援学級にC君が位置づくため

の対応マニュアルを作成）をおこない、母親からの相談はスクールソーシャルワーカーが担当することにした。

　基本的にC君の家族の言い分に深く耳を傾けながら、結果としてできることとできないことは明確にするということを徹底した。スクールソーシャルワーカーによる、保護者、祖父、伯父に対する積極的な指導と、特別支援学級への理解を求める話し合いを粘り強く進めた。これらの取り組みを進めていった結果、半年後には、C君に関わりのある親族・両親が了解して特別支援学級に位置づくことになり、それ以後は、C君は安定してきて学校も休まなくなってきた。

(5) D君への取り組み（小学校6年生）

　D君の家は母子家庭で、母親はD君が小学校2年生のとき父親と離婚し子ども2人（D君と弟）を母親が引き取って育てている。高学年になるころから体が急に大きくなり、同級生をいじめたり、先生に暴言を吐いたり、低学年の女子児童に性的ないやがらせをしたりして、ほかの保護者から彼を指導するよう厳しい抗議を受けることが多くなる。中学年の初めごろから彼の行動や学習能力の低さが校内で問題になり、学年会で彼に対する指導についてのプランを立てて指導を試みる。このプランに基づいて母親を呼んで実態を報告すると、D君は常に他者（クラスの仲間など）によってそのようにさせられているとか、自分の子どもだけを教師がみんなで虐待するとして、教育委員会に自分の都合がいいように学校の指導を歪曲して伝え、学校の指導に協力してくれない。彼の行動は仲間にも悪影響を与え、彼を中心に学校外でも問題を起こす子どもが増加し、地域から苦情が絶えない。

　D君にもC君と同様の方法で、スクールソーシャルワーカーの指導のもと、取り組みのプランを立てて実践したが、彼の場合は結局、指導に乗ることなく、普通教室で過ごしたままで小学校を卒業し、中学生になっている。

　この小学校では2008年度の1年間はスクールソーシャルワーカーが配置されたが、09年度は配置されていない。学校としては、スクールソーシャルワーカー配置のおかげで特別支援学級についての理解と、教室に位置づく生徒も出てきた矢先にその配置が終了し、現場として困惑しているというのが実情であった。

以上2つの事例は、親の見栄などから、本来は特別支援学級に位置づくべき生徒が普通学級に通うことで、その学級が小学校低学年の段階で崩壊することを防げた例と防げなかった例だといえる。このような児童・生徒は少なくとも500人の児童・生徒がいれば15例ぐらいはいるのが普通だという報告を受けた。しかし、現実には多くの生徒が特別支援学級に入らず、普通学級で学習していることが多いようだ。担任に力量があるとき、もしくは低学年の間はなんとか進級するが、高学年になるにしたがって指導が困難になるという実態がある。数年前であれば、出産の段階で命を落とすような難産の子どもも現在では多くの場合、なんとか命を取り留め、親の期待のもとで成長する。親の食生活の変化や生育環境の変化など、さまざまな要因から障害をもって誕生または成長する場合も多く、さらに現代は、家庭が崩壊し、親の子どもの教育のあり方についての指導が必要な時代である。親が自分の子どもを一人格として見つめ成長を援助する発想をもてず、自分の所有物のような感覚で子育てをしている場合も多い。さらに、私立の小学校も増加しつつあるなかで、公立の学校へ通う子どもたちの質の多様化は著しいといえる。モンスターペアレントという言葉に代表されるわがままを当たり前とする親や子を前に、学校現場がどのような方向に進んでいるかがうかがえるだろう。

2　スクールカウンセラーの活動について

(1)　D中学校の場合

　D中学校は人口約8,500人、世帯数4,000、通学小学校2校を抱える。人口、世帯数ともに急減地域で、高齢化率が著しい。
　D中学校は生徒数約260人、学級数10クラス、教職員数25人の小規模中学校だ。15年前までは生徒数500人を超え、市内の中核になる中学校で、勉学、クラブ活動ともに盛んだったが、少子化の影響が強く、ここ10年の間に児童数が半減し、学校そのものの勢いがなくなりつつある。この学区内にある小学校2校と同中学校を数年後には統合し、小・中一貫校にすることが決定している。古くからこの地域に居住している世帯が多く、直系家族世帯が残っており、生徒たちも比較的穏やかで、学校に対する地域社会の信頼も

高い。20年前から地域と学校が一体になって、地域清掃などのボランティア活動をおこない、地域を巻き込んだ教育活動を実践してきた。また、近くに公立高校があり、進路指導、クラブ活動などの実績が高く、この高校を目指して学習することで、学校環境としては、保護者や生徒の立場から考えて、安定しているといえる。

(2) スクールカウンセラーの配置

　10年前まではあまり不登校の生徒は見られなかったが、ここ数年、学校に行きたくても登校することができない生徒が少しずつ増えており、スクールカウンセラーが配置されている。スクールカウンセラーの勤務は年間28日（ほぼ1週間に1日）、1日6時間だ。カウンセラー室を設け、生徒の相談や保護者に対するカウンセリング、さらに教職員のカウンセリングなどもおこない、地域、教職員・生徒、保護者から信頼される重要な立場にある。1日6時間ということで契約をしているが、実際は、その契約時間を超えて相談業務に就いている。

(3) E子さん（中学3年生）の場合

　E子さんは、学校から500メートルたらずの自宅から通っている、大変真面目で学力の優秀な生徒だ。兄、本人、妹の3人きょうだい、父方の祖父・祖母も健在で、両親はともに公務員、先祖代々の家業もあり、祖父と父親が分担しながら継承している。

　E子さんは私立中学校を受験するために小学校4年から塾に通って努力したが、結果は不合格になり、公立の中学校に進んだ。1年生ではおとなしく、真面目で、体育を除いては学力も高く、クラスの役員もこなし、何事もなく2年になったが、2年生の2学期が終わるころから欠席が目立つようになり、2年生の3学期末のころはほとんど出席ができず、なんとか試験を受けて3年生になった。3年生では、1学期はなんとか出席するといった状況だったが、2学期になるとほとんど出席できない状態になった。

(4) E子さんへの取り組み（カウンセラーと担任の指導）

　中学2年の2学期の中間試験が終了したころからE子さんの遅刻が多くな

り、1時間目に遅れて入室したり、もしくは午後から学校に出るといった状況が増加する。家庭訪問を担任が繰り返すなかで、E子さんが朝、腹痛を訴えることが多く、さらに、夜眠れないなど正常な日常生活が送れなくなっていることが判明した。

　両親はE子さんの私立中学校受験の失敗を高校入試ではさせまいとして、小学校卒業後も継続して同じ塾の中学部に通わせ、中学2年になると週3日だった塾通いを週5日とし、残りの2日は習い事をするという生活で、真面目な彼女はその生活サイクルを必死にこなしてきたようだ。彼女も小学校の失敗を繰り返したくないという気持ちから必死になって塾にも通い、学校の学習にも精を出すことで、2年生の半ばまではなんとか計画どおりに進んできたが、2年生の10月にカゼを引いてこじらせたころから、彼女の心の中で何かがプツンと切れたような感じになり、机についても学習に身が入らなくなり、授業中も集中できなくなったようだ。成績の方は目立って下がっているわけではなく、2学期の中間試験もよくできており、申し分のない結果ではあった。しかし担任の授業時にぼんやりとしていることが見られたので、何かおかしいということで、担任はE子さんを呼んで面接した。しかし、なんでもないということで、その場は終わっている。

　3学期の始業式から1週間学校を欠席した後、ようやく出席する。これまでの取り組みはカウンセラーに相談をしながら担任が中心になって進めてきたが、3学期に入って担任と話をしていてもほとんど口をきかなくなり、家庭訪問をしても自分の部屋から出てこなくなって、本人と話ができなくなった。校内不登校委員会（校長・教頭・学年主任・担任・養護教諭・カウンセラーで構成）で不登校克服のためのプランを作成して取り組むことにした。

(5) カウンセラーによる面接を通して判明したこと

　E子さんは母親の期待に応えなければならないという意識が大変強い。小学生のとき、中学受験で失敗し、母親が泣いて自分を抱き締めてくれたとき、母親の気持ちに応えたいと強く思うようになる。母親は、E子さんが受験した学校の卒業生であり、その中学・附属高校を卒業後、大学（国立大学医学部）を受験したが、目指した大学に失敗し、1年浪人して教育学部に入り、教師になった。父親にも同じような体験があり、子どもにはかつて自分が目

指した大学に進学させたいという気持ちが強い。その両親の期待が大きなプレッシャーになっている。祖父母も高学歴で、一流大学に行くことは当たり前だという気持ちでいる。

　E子さんは小さいころから地域でも目立ったよい子であり、近所のまなざし、家族の期待、親族からの期待につぶされそうになっていることがわかる。また、カゼによる欠席から、これまで得意だった数学の一分野が理解できなくなり、元来学習ということに完全主義の彼女は、自分が理解できないということが受け入れられず、数学の学習がそこで止まり、そのことをきっかけに、ほかの教科でもいままで自分が理解できていなかったところが気になり始め、最も自信をもっていた学習で行き詰まってしまう。そのころから、遅刻・早退、2時間目や3時間目からの登校など、不規則な生活に変化する。家庭では、両親や祖父母と口をきけなくなったが、唯一、妹とは会話が成立した。本気でけんかなどもできる。中学1年まで兄を深く信頼していたが、私立高校の受験に兄が合格して以来、兄とぎくしゃくするようになる。

(6) 不登校連絡委員会で確認したこと

①自宅から学校へ来るためのプログラムの作成
　朝起きたら自分の部屋から出ること。そして食事をとる。
　学校まで来る。保健室に行く。教室に入る。
　授業に出る（できる範囲で。彼女の机は入り口の最後尾に置く）。
　教室内では特別扱いはしない。
②家庭での対応（担任から保護者への要請）
　親の夢を子どもに強制しないこと。
　家庭の団欒を大切にし、食事はみんなでとる。できる限り、その日の楽しい出来事を話題にする。
　学習、試験などについては話題にしない。
　以前の楽しかったころのことを話題にする。
　近所の野山にできるだけ親子で足を運ぶようにする。

　これらを段階に応じて対応し、少しずつでも前進するようにし、E子さんとの対応は、担任とカウンセラー以外は極力避けるようにした。このことを

E子さんに関わる者が確認し合い、E子さんにとって矛盾のないようにした。

　E子さんは2年生3学期はほとんど欠席したが、期末試験が始まる前くらいから少しずつ登校できるようになり、カウンセラーには何でも話をするようになった。学年末試験はすべて受けた。成績結果は以前ほどではないが、本人なりに努力しており、その結果を受け入れることができた。

(7) 3年生進級後から高校受験、中学卒業まで

　3年生になって1学期は順調に学校に出席し、楽しそうな毎日を送っていたが、2学期の初めから欠席が目立つようになり、再び家から出なくなる。夏休みに母親が学校との相談なく家庭教師を付けたところ、初めの数回は家庭教師と一緒に勉強することを喜んでいたが、夏休みが終わるころから拒否したので、家庭教師は断った。受験することが怖く、中学校を卒業したくないということをカウンセラーにたびたび漏らし、母親に対して厳しく批判をする。担任から、高校受験をしたくなければしない方法もあること、私立の高校受験はしなくてもいいことを伝え、受験のプレッシャーから解放するように努め、まず学校に来ることがいちばん心が休まるということを本人に自覚させる。3年2学期の後半になると、保健室登校を始め、カウンセラーが来る日には必ず登校し、カウンセリングを受けて下校する。夏休みに、担任による家庭訪問の際、祖父母や両親にまずは中学を卒業すること、それができれば、高校受験をする、それも本人が希望する学校の受験を心から喜ぶことを家族で確認する。

　3学期に入り、本人が公立の推薦の試験に挑戦したいと希望し、受験する。彼女は文章力があり、試験が彼女にとって適していたこともあって合格する。合格後は、ほとんど欠席することなく中学を卒業する。高校に入学後は不登校を克服し、楽しく通学しているようだ。

3　スクールソーシャルワーカー・スクールカウンセラーの必要性
　　──本当の意味で学校現場が必要としているもの

　これまでにあげた3つの事例は、決して特殊な取り組みではなく、どの学

校でも日常的に見られる指導だろう。小学校の取り組みも中学校の取り組みも、数年、現場を経験した教師であれば、ごく当たり前のこととして考える内容かもしれない。しかし、現場では、これらのことをスクールソーシャルワーカーやスクールカウンセラーなどの専門職の指導者と相談しながら取り組みを進めている。そして各学校とも、管理職や担任など、口をそろえてスクールソーシャルワーカーやスクールカウンセラーの存在を肯定し、その必要性を説く。個々の教職員と話をしてみると、スクールソーシャルワーカー・スクールカウンセラーが指導する内容については担任として取り組むときに考えることとほとんど変わらないという。

　ではなぜ、スクールソーシャルワーカーやスクールカウンセラーを強く求めるのだろうか。小学校の実態を観察して思うことは、教職員の多忙さである。小学校はクラス担任制であり、1週21時間から23時間の授業を担当する。個々の教師は、休憩時間以外はほとんど空き時間はない。事例を紹介した小学校でも、専科の教師は全体で2人、うち1人は主幹である。放課後はクラブ活動で2つくらいのクラブの面倒を見、生徒の相談に乗り、保護者とも話し、時間を見計らって家庭訪問をする。土日はクラブの練習試合で、授業案はいつ考えるのか、自分の勉強はいつできるのか、時間的余裕がほとんどもてない実態がいまの学校現場にはある。

　ここ10年、どの県の学校現場でも競争原理が導入されるようになった。さらに学校を公開することによって学校内の様子がよく見えるようになったが、一方で、常に近隣の学校と比較され、学校規模や地域の状況などの違いは考慮されることなく、批判にさらされるようになってきた。また、かつてのように学校に権威はなく、特に古くからある地域社会では、学校に何でも苦情を申し立て、校長をはじめ学校職員全体が追い込まれていく。また、何でも権利として主張することが人権意識が高いことだと評価していた以前の生徒たちが現在は親になって、自分の子どもに対する不平不満をすべて学校に持ち込み、その責任を学校に負わせてしまう。いま、学校はこれまでの多忙さに加えて、目の前にいる子どもたちの指導ばかりではなく、その保護者の無理難題に真面目に応え、また地域社会の苦情までも聞いてやらなければならない。その間、教職員の数は増えることなく、これまでいた技術員や事務職員、警備員などはほとんどが合理化という名の下にいなくなっている。

加えて、校長、教頭などの管理職が行政によって招請されることも多く、職員が1人でも休めば、授業中、職員室は無人に近い。このような校内事情のなかで、専門職であるスクールソーシャルワーカーやスクールカウンセラーなどが配置されるということになれば、どの教育現場でも、それがたとえ1週間に1日だろうが、ありがたいと言うだろう。しかし、学校現場が本当に求めているのはスクールソーシャルワーカー・スクールカウンセラーではないように思えるのである。本当は、1人の教師を求めているのだ。日常でともに悩み、ともに汗し、責任を背負う教師が1人でもほしいのだ。特に小学校では、絶対的に人材が不足している。そして、百歩譲って、この人材を補塡できないとするならば、学校長がその学校を経営する自由が保障されるべきだろう。近年、校長権限が拡大したとよくいわれているが、現実は決してそうではなく、以前よりもはるかに行政への報告は多くなり、さらに不適切な評価方法に苦しみ、むしろ校長の権限は縮小している。いわんや、教職員においてをや、である。夏休みも冬休みも、ほんの少し前までは自由に休みが取れていたものが、いま、学校で夏休みを取って長期の海外旅行などする者はほとんどといっていいほど見ることはない。みんな、夏は空調のない暑いコンクリートのなかで、ただひたすら汗を流している。

　かつて、教育公務員が惰眠をむさぼった時代がある。その反動でいま、学校現場に厳しい視線を投げかけることも理解できる。しかしかつての教職員が撒いた種をいまの若い教職員に刈り取らせるのは、もうこれくらいでいいのではないかと思う。肝心なことは、現に目の前にいる子どもたちが幸せをつかむことができるか、である。そのためには、すべての教師が生き生きとして教育活動に生きがいを感じることができる環境をつくることだ。いまの状況は、子どもたちに幸せを導く環境にはなりえないと思うのである。

第3章
アメリカでの取り組みとスクールカウンセラーとの連携

佐藤量子

はじめに

　学校教育現場では、発達障害、また両親の離婚や父親のリストラ、保護者の病気などによる経済的困窮や生活の不安定さを背景とした不登校や情緒的な問題、虐待などから、福祉のサービスが必要な児童・生徒が増えている。両親の離婚や経済的困窮などを背景とした家族の不安定さ、不登校や虐待はいまに始まったことではない。しかし例えば、再婚家族による家族関係はさらに複雑化しており、雇用の不安定さや経済的困窮から病院に行けないという児童・生徒も増えており、同居する男性から虐待を受けて死亡するという痛ましい事件も記憶に新しいことなどからも、児童・生徒の安全が脅かされている状況にあることがうかがえるだろう。発達の途上にあり、環境の影響を大きく受ける児童・生徒は、個人の力や学校の力ではどうにもならないような状況に陥っている場合が増えており、学校教育現場では常に対応に追われ、教員は疲弊している。

　文部科学省は、学校教育現場の現状から、児童・生徒の安全を守るための対応策として、いくつかの制度を導入してきた。1995年には、増え続けていた不登校や深刻ないじめ問題に対応する専門家として、学校現場にスクールカウンセラーが導入された。2009年現在、ほとんどの中学校にスクールカウンセラーが配置され、スクールカウンセラー制度は一定の成果を上げているという評価を得ている。しかし、子どもの心に焦点を当ててアプローチするだけでは解決困難なケースが増えていることなどから、関係機関と連携し、かつ福祉の視点をもった対応が求められていると判断した文部科学省によって、08年度からスクールソーシャルワーカーの導入が試みられている。

日本では、子どもの成長のために密な関係であることを求められる教育と福祉が、教育は文部科学省、福祉は厚生労働省の管轄と切り離された状態にあり、それぞれの制度や施策が円滑に機能しているとは言い難い。したがって、福祉の視点と技法をもつスクールソーシャルワーカーが教育現場に入ることは、教育と福祉をつなぐという点でもとても画期的なことだろう。
　また、援助を必要としない、あるいはニーズのない対象者へのアプローチについて知り、個人や社会が抱える問題を広く社会生活面から捉え、そのニーズを社会資源に積極的に結び付けて解決していこうとするソーシャルワークの方法をもつスクールソーシャルワーカーは、環境の影響を大きく受ける児童・生徒に最善の方法を提示できるのではないだろうか。
　本章では、児童・生徒の生活を守るためにスクールソーシャルワーカーがその専門性を生かすために必要になることを、現場の事例を通して考察したい。まず、スクールソーシャルワーカーの先進国であるアメリカのスクールソーシャルワーカー制度について報告する。次に、日本のスクールソーシャルワーカー制度について報告し、現場の事例を通して臨床心理士としてスクールソーシャルワーカーに期待すること、そして課題になるだろうことについて考察する。

1　アメリカのスクールソーシャルワーカー制度

　アメリカでは1906年にスクールソーシャルワークが始まったとされている。当時のアメリカ社会は、新移民の増大から、多様な問題が生じていた。また、子どもを労働力として捉える考え方が根強く残っており、義務教育法が制定され改定されても、子どもの就学状況はなかなか改善されなかった。そこで、学校に行かないまたは行くことができない子どもたちの教育権を保障できないことに対して憂慮したセツルメントハウスのセツラーが、子どもの学習権を保障するために学校と家庭と地域を結び付けて支援するソーシャルワーカーの導入の必要性を説き始めた。スクールソーシャルワーカーは、当初は「訪問教師」と呼ばれ、子どもの生活に焦点を当てた支援をしながら、子どもの教育受給権を保障する役割を果たしていった。その後、社会保障法

の制定によって、子ども福祉が成立し、訪問教師はより臨床的ケースワークへと移行するが、70年代に子どもの問題が複雑・深刻化したことや、障害児教育法が制定されたことから、臨床的な手法では限界があるという見解に至った。そうして、現在のソーシャルワークの技術を用いて支援する方法へと移行した。

　現在、アメリカでは1万人以上のスクールソーシャルワーカーが学校配置によって活動を展開している。アメリカでスクールソーシャルワーカーとして働くためには、Council on Social Work Education（CSWE）というソーシャルワーク教育の質の向上と維持を目的とした機関によって認可された大学でのプログラムで学士号か修士号を取得し、州ごとに規定される実践年数や試験に合格していることなどの諸条件を満たしていなければならない。資格条件は州ごとに異なるが、ソーシャルワーク修士を条件としているところが多い。スクールソーシャルワーカーの職務は、全米ソーシャルワーカー協会（NASW）によって監督されており、スクールソーシャルワーカーの役割を、地域の価値観、特性、資力、社会・心理的問題を含めて、子どもの家庭状況に精通したうえで、子どもの最善の利益を求めて、学校・家庭・地域の連携・調整を図ることだとしている。[3]

　スクールソーシャルワークの先進国であるアメリカにも、課題はある。まずは、スクールソーシャルワーカーの名称がさまざまであり、州によって雇用人数も大きく異なっており、スクールソーシャルワーカーの必要性に対して州ごとに温度差があることは否めないのが現状だということである。[4]したがって、子どもを見守り育てるネットワークの一員として、スクールソーシャルワーカーの地位が確立されているとは言い難い。また、全障害児教育法によってスクールソーシャルワーカーサービスの提供が保障されていることから、障害児への支援に要する時間が現在のスクールソーシャルワーカーの活動時間の約7割を占めており、支援内容が限定されていることなども課題としてあがっている。[5]アメリカでも試行錯誤を重ねながら、子どもの人権を守るために、スクールソーシャルワーカーの地位と専門性の確立が図られている。

2 日本のスクールソーシャルワーカー制度

　日本スクールソーシャルワーク協会によると、スクールソーシャルワークとは、子どもたちが日々の生活のなかで出合ういろいろな困難を、子どもの側に立って解決するためのサポートシステムであり、学校で福祉の視点に立ってサービスを提供するものである(6)。つまり、子どもの心の問題は、家庭や学校、友人関係、地域社会など、子どもを取り巻く環境の問題が複雑に絡み合っており、子どもの心理面だけに焦点を当てるのでは解決には至らないという考えに基づいている。

　日本では、1997年に兵庫県赤穂市で関西福祉大学がスクールソーシャルワーカー活動を開始し、99年から赤穂市教育委員会と関西福祉大学で共同研究事業として推進された(7)。また、香川県や大阪府でもスクールソーシャルワーカーの導入を開始し、2008年からは文部科学省によってスクールソーシャルワーカー活用事業が開始されている。香川県や福岡県、北海道のスクールソーシャルワーカーの活用に関するパンフレットは、インターネットから閲覧できるようになっており、スクールソーシャルワーカーとスクールカウンセラーの違い、スクールソーシャルワーカーの活用について事例を通して詳しく書かれている。

　例えば香川県では、3つの中学校区をモデル地区に指定してスクールソーシャルワーカーを配置し、「様々な問題を抱える児童・生徒に対して、小・中学校の連携の強化を図ったり、学校内の支援体制作りのサポートをおこなう。また、児童・生徒や保護者にも直接関わり、地域の関係機関と連携しながら、児童・生徒がよりよく生活できるように福祉の視点をもってサポートをする」(8)としている。香川県以外でスクールソーシャルワーカーの導入を始めた都道府県でも、個人や学校の力だけでは対応困難な事例が増えているため、子どもを取り巻く環境の改善を図るために福祉の専門的な知識や技術が必要になっていることから、スクールソーシャルワーカーの導入を試みている。福岡県教育委員会の『スクールソーシャルワーカーの活用についてQ&A』によると、スクールカウンセラーは心理検査や心理療法で、本人が

抱える心の問題を改善・解決していく心理の専門家であり、スクールソーシャルワーカーは子どもに影響を及ぼしている家庭・学校・地域環境の改善に向けて、学校・家庭・地域の支援ネットワークを築く福祉の専門家であると明記している。福岡県では、児童・生徒が置かれているさまざまな環境にはたらきかけ、児童・生徒の自立を促す役割を果たすコーディネーター的な存在としてスクールソーシャルワーカーを配置している。[9]

　日本では、スクールソーシャルワーカーの資格条件として、社会福祉士や精神保健福祉士、また教育と福祉の両面に関して専門的知識・技術や経験を有することとしている場合が多い。現段階では、社会福祉士や精神保健福祉士の資格を有している者はスクールソーシャルワーカーとして採用された者の半数以下で、残りの半分は臨床心理士や退職校長、家庭児童相談員などが採用されていると想定されている。[10]子どもの生活を守るためにも、福祉の視点と技術を用いることができる社会福祉士や精神保健福祉士の資格保持者の確保が今後の課題であり、研修の配備や配置形態、勤務形態に関するシステムづくりが課題になっている。

3　スクールカウンセラー制度

　日本のスクールカウンセラー制度は、1995年に当時の文部省によって開始された。スクールカウンセラーのほとんどは、日本臨床心理士資格認定協会から資格認定を受けた臨床心理士である。臨床心理士とは、臨床心理学の知識や技術を用いて心理的な問題を取り扱う心の専門家のことであり、心の特徴や問題はどこにあるのかといった臨床査定、臨床心理面接、臨床心理学的地域援助、調査・研究活動を主な仕事としており、教育、医療・保健、福祉、司法・矯正、労働・産業の領域で活動している。[11]

　2008年度には、全公立中学校にあたる1万校にスクールカウンセラーが配置されており、週に8時間から12時間、年間35週という勤務形態が主になっている。そのほかに、都道府県市町村で独自に小学校や高等学校にもスクールカウンセラーを配置しているところもある。しかしながら、配置状況については、国からの補助金削減、都道府県や市町村の予算削減などによって

勤務時間の縮小が図られる傾向にある。職務内容は、児童・生徒へのカウンセリング、教職員に対する助言・援助、保護者に対する助言・援助などが主だ。スクールカウンセラーには、年に一度の学校臨床心理士全国研修会や地域ごとの研修会や連絡会などがあり、スクールカウンセラーとしての専門性や技術を磨くことが義務づけられている。

　導入されてから10年を経たスクールカウンセラー制度だが、導入当初、長年、学校臨床という視点から子どもの生活支援に携わった近藤邦夫は、従来の心理臨床活動は、問題が発生した後に、問題を抱えた個人を対象に、心理臨床専門家が主たる援助者になって、その個人が生活する場とは離れた場で治療的介入をおこなうというモデルに依拠していたが、学校という場での援助活動はこのようなモデルでは完全に対処できないさまざまな課題が課されるだろうと指摘した。そして、子どもの問題の発生過程を子どもが生活する学校システムとの関連のなかで理解する視点や枠組みを提供すること、学校システムのなかでの介入あるいは学校システムへの介入という視点、予防的介入や成長促進的介入などの具体的な教育的サポートの方法が必要だとした。また、教育領域の心理臨床に携わり、スクールカウンセラーの普及にも携わってきた鵜飼美昭と鵜飼啓子は、学校臨床で、臨床心理士の業務以外に組織、集団、システム、コミュニティに関わる視点を確立することの重要性をあげている。学校コミュニティ全体に関わるという全体的な視点をもつこと、学校関係者とは違う視点から、児童・生徒に関わるシステムを見る目をもつことは、スクールカウンセラーが学校臨床を展開するうえで欠かせないことだ。こういう視点は、スクールソーシャルワーカーと共通した部分も多く、多くのスクールカウンセラーは以上のようなアプローチを用いながら、学校で援助活動を展開している。

　スクールカウンセラー制度の課題点は、まず、教員集団へのケアや「いざというときに利用できない」という時間的な制約に関すること、授業参観、親の会の実施や家庭訪問でスクールカウンセラーの活動が不十分だという指摘、外部の専門機関と地域の連携に関してコーディネーターとしての役割が果たされているとは言い難いことなどである。

4 スクールカウンセラーとの連携——事例から

　筆者は、約10年にわたり、小・中・高等学校でスクールカウンセラーとして児童・生徒と接してきた。どの学校にも問題を抱えた（抱えさせられた）児童・生徒が存在し、学校現場は児童・生徒に必要であろうできる限りの支援をしている。しかし、児童・生徒が抱える問題は複雑化し、個人や家庭、学校の力だけではどうにもならない状況になっているという現実がある。また、スクールカウンセラーは通常、1週間に1日の勤務体系という時間的な制約もあり、校内の教員や保護者との連携をとることができても、外部機関との連携はとりにくいというのが現状だ。

　そこで、スクールソーシャルワーカーの必要性を強く感じた典型的な事例をあげ、スクールカウンセラーの立場からスクールソーシャルワーカーに期待すること、そして課題点について述べたい。なお、事例は個人が特定できないように加筆・修正してある。

●事例1：小学生のA子

　A子は複雑な家庭環境で育った女児だった。A子の母は精神疾患で入退院を繰り返しており、父はアルコール依存症で養育に消極的だった。乳幼児期にA子はネグレクトの状態にあり、保健師や児童民生委員らが児童相談所に通告し、A子は児童養護施設で数年を過ごしていた。小学校入学とともに自宅に戻ったA子だったが、学校を休みがちだった。特に、クラスの男子がA子を背後から押し、転んでケガをするということがあって以来、父親は学校に対していい印象をもっておらず、担任が家庭訪問をしても「A子には会わせない」と言い、「学校には行かなくてもいい」と言うようになっていた。担任の家庭訪問には応じない状況であったこともあり、前任のスクールカウンセラーが家庭訪問を始めて半年後に、筆者が引き継いだ。

　A子が住んでいた家には部屋が2つしかなく、生活用品などが乱雑に置いてあり、A子の生活は混沌としているように感じられた。A子はうつむいてばかりで、母親はすぐ隣でテレビを見ながら笑っているという状況で、初任

者だった筆者はとても戸惑った。しかし、関係が構築されていくにしたがって、A子は家までの送迎をすれば、学校で過ごすことができるようになっていた。

A子の経緯は教員の間で情報共有がなされ、スクールカウンセラーにも伝わっていたものの、A子と関わりがあった教員はほぼ異動しており、随分たってから明らかになった情報も多かった。また、筆者がある研修会に出席したところ、「家庭訪問というのは、カウンセラーの仕事なのか」と問われ、答えに窮したことがあった。それは、A子との関係が構築されていくにしたがい、A子が「先生ばっかり私のことを知ってずるい。先生の家にも行きたい」「私の家を見られるのは恥ずかしい」と言うようになっていたこともあり、治療構造について、A子の生活空間にスクールカウンセラーが入っていくことはA子にとってプラスなのだろうかマイナスなのだろうかと考えていたからである。また、相談室を利用する児童や保護者が増えると、家庭訪問やA子を送迎することが次第に困難になり、筆者はいつも走っているような状態で、勤務時間を超えることも頻繁にあり、帰宅するころにはぐったりという状態だった。A子が登校しようと思っている意欲を大事に育てていきたいと思い、筆者は、管理職と担任に相談したところ、A子が学校で過ごせる時間が増えるよう、教員の空き時間にA子に勉強を教えてもらえるような体制づくりを試みてみようと提案してくれた。空き時間がある教員はほとんどいなかったが、長い間不登校だったA子が教室に入れるようにしていこうと、校長や教頭が算数や国語、体育、音楽専科の教員は音楽、担任やほかの教員もできるだけA子の学習をサポートしていった。A子は高学年になるころから、教室に入って学習できるようになった。

●事例2：小学生の兄妹

B男は小学校5年生、C子は小学校3年生の兄妹だった。兄妹の両親は離婚し、母親に育てられていたが、母親は男性と遊び歩くことが多く、兄妹を残し外泊することもあった。入学当初から、学校側はB男とC子の養育環境を心配し、家庭訪問や母親との面談、子ども家庭支援センターや児童相談所への相談などをしていた。しかし、家庭訪問をされて家のなかを見られるのではないか、子育てについて意見を言われるのではないかと感じた母は機嫌

を損ね、もともと感情の起伏が激しいところもあり、学校に対して批判的で攻撃的になっていた。B男とC子は、担任や養護教諭が懸命に支えながら登校を続けていたという状態だった。

しかし、B男は高学年になったころから、母親に対して暴力をふるうようになり、ときには妹にまで暴力をふるうようになった。C子によると「お兄ちゃんが暴れるから、壁には穴があいて、ドアは壊れてるし、ぐちゃぐちゃ」ということだった。B男は学校でも攻撃的な態度が目立つようになり、クラスでは浮いた存在になっていた。また、昼夜逆転の生活から、朝起きることができず学校を休みがちになっていた。担任はB男を自宅まで迎えに行ったり、家庭訪問をしたりしていたが、学校を休む日が続いた。C子は「お兄ちゃんは怖くなった」と言い、兄から逃れるために登校しているようだった。そのC子は、友人関係でのトラブルで悩み、また、学習の遅れが目立つようになり個別の支援が必要になっていたが、母親は「その必要はない」と個別支援について受け入れようとしなかった。

筆者は、スクールカウンセラーとしてB男とC子と話をしたりしながら、担任や養護教諭、管理職と連携をとりながら兄妹をサポートする体制を探っていた。B男は「家で一人でゲームをしているときがいちばん楽しい」と言い、「むかつく」「イラつく」とよく口にした。B男は、言いようのない怒りと寂しさのために攻撃的になっているようだった。また、C子は「お兄ちゃんもお母さんも怖い。いつもけんかしている」「女子のグループに入れてもらえない」と言った。母親とは一度、面談の機会があったが、「あなたみたいな若い人に、何がわかるのか」「B男が学校に来ないのは学校の責任」「私は一人で2人の子どもを育てていて、面談の時間もない」と言い、関係をつくることは困難だった。また、C子がスクールカウンセラーと話していることを聞いた母から、「子どもには悩みなんてないのに、C子を学校に残して早く帰宅させず、何を聞き出そうとしているのか!!」と学校に苦情の電話がかかってくることがあり、C子は「お母さんに怒られる」と言って相談室に来なくなった。

B男とC子には、入学当初から安全で安心できる生活環境が何よりも必要だった。さまざまな機関が関わりをもとうにも、保護者が拒否をしていたために踏み込めないという現状があり、学校が家庭に介入していくことにも限

界があった。筆者はスクールカウンセラーとして無力感を感じ、何ができるのか、どうしたらいいのかわからなかった。また、ほかにも問題を抱えていた児童がたくさんいて、筆者はB男とC子に関わる関係機関との連携をとる時間的余裕もなかった。結局は、B男とC子の担任が対応に追われ、心を痛め疲弊していかないようサポートすることでしか、スクールカウンセラーとして関わることができなかった。

●事例3：中学生

　D子は中学入学当初から、配慮の必要な生徒として常に教員の目が注がれていた生徒の一人だった。小・中連携では、小学校の元担任からD子の母親は離婚・再婚を繰り返し、複雑な家族関係であることやこれまでの経緯などの情報があった。それによると、D子の母親は精神的に不安定なところがあり、男性との付き合いが順調なときには安定しているが家をあけることが多く、付き合いがうまくいかなくなるとふさぎ込むといったことを繰り返していたようだ。D子は幼少時から母親の帰りを一人で待つことが多く、「いつ母親に捨てられるのか」という恐怖心を常に抱いていたようだった。また、母親がふさぎ込むと家事の一切ができなくなるため、D子が家事をして母の面倒を見ていたようだ。

　D子が小学校3年生のときに母親は再婚して弟が生まれ、その翌年には妹が生まれたがすぐに離婚した。母親は働かなくてはならないと言い、D子に幼い弟妹の面倒を見させていたが、見かねた母方の祖父母が3人を引き取って育てていた。しかし、経済的に非常に苦しい状況で、子どもたちの日用必需品や学校で必要なものも十分にはそろえることができない状態ということだった。D子の担任や養護教諭は、遠足の際には弁当を用意したり、教員らの子どもが不要になった洋服などを提供することもあったということだった。小・中連携では、学校が一丸となってD子をサポートしてきたことがうかがえた。

　中学校では、管理職、担任、養護教諭、スクールカウンセラーでD子をサポートしていくという支援体制がとられた。D子は愛想がよく明るい生徒だったが、感情の起伏が激しいところや被害者的な考えをすることが多く、友人関係のトラブルも頻繁にあった。また、清潔とはいえない身なりもクラス

では浮いた存在になった。クラスの女子とのトラブルから、D子は学校を休むようになった。D子はスクールカウンセラーに「ほかの子を見るのがつらい」と言った。ほかの女子が新しい文房具や洋服を持っていたり、母親と出かけたという話などを聞いているととてもつらくなると話した。また、祖父母が高齢になっており、自分や弟妹のために大変な思いをしていて申し訳ないと語った。D子は学校を休みながらも教員や理解を示す友人に支えられ、「中卒だと就職のときに不利だし、まずは高校に行って何かの資格をとるようにしたい。おじいちゃんやおばあちゃんのことが好きだし、介護の仕事につきたい。おじいちゃんとおばあちゃんの面倒が見れるようになりたい。弟と妹の面倒も私が見なきゃ」と将来の目標を語り、進学を決めた。中・高連携では、中学の担任からD子の家庭環境やいままでの経緯について情報提供がなされた。高校側は、できる限りのことをするということだったが、スクールカウンセラーも配置されておらず、また、高校は義務教育ではないため出席日数や単位が取れなければ留年か退学になるという現実があった。D子は夏休み明けから学校に行かなくなり、高校側もはたらきかけたようだが、結局は退学してしまったという話を聞き、関係者は肩を落とした。

*

事例1は、虐待問題については児童相談所や児童養護施設、保健師や民生委員などが関わっていたが、A子が家庭に戻り、不登校になった際には何ら介入がなく、学校が対応を試みたが、両親の理解が得られず、スクールカウンセラーが家庭訪問を始めたケースだった。また、A子が登校していた際に関わりをもっていた担任、養護教諭、校長らは他校へ異動になっており、1年以上も学校を休んだA子は学校で知る人がいない状態であった。もしスクールソーシャルワーカーがいれば、児童相談所や児童養護施設、民生委員とも連携をとりながら、関係機関と学校をつなぐ役割を果たし、1年以上も学校を休む前に何らかの介入ができたのではないだろうか。児童相談所や児童養護施設での援助活動が学校という場にスムーズに移行することにより、A子は見捨てられる経験を繰り返すことはなかったのではないだろうか。教員は異動があるため、情報を保持し関係機関と積極的な連携をとるスクールソ

ーシャルワーカーの存在はとても有効だろうと思われる。

　さらに、スクールカウンセラーが家庭訪問をすることは、有効なときもあるが、家庭の状況や生活状況を知りすぎることによってスクールカウンセラーの中立性を保てなくなり、援助活動に支障をきたすということも起こりうる。また、相談室の利用者が増えたため、家庭訪問や送迎をすることでA子と話をする時間が次第に限られていったことや、A子の学校での滞在時間が長くなっても、応じられないという状況になった。A子の小学校では、教育相談に熱心な管理職と教員らがいたため、協力を得やすく、A子を学校で受け入れる段階的なサポート体制づくりが実現したが、教員らへの負担も大きかった。現在、学校教育現場でも人員削減が実施されており、空き時間のある教員は少なくなっている。学校だけで、A子のようなサポート体制づくりを構築していくのは困難である。ここでもスクールソーシャルワーカーが存在していれば、ニーズのない両親に対しても早期にはたらきかけることができただろうし、外部の力も借りながらA子が学校へ復帰できるような体制づくりができたのではないだろうか。

　事例2は、保護者が学校や子ども家庭支援センター、児童相談所、スクールカウンセラーなどの関係機関との関係づくりが困難で、介入を拒否し、また子どもの養育状況が虐待と認められにくく、子どもへの支援が行き詰まったというケースだった。B男とC子には安全で安心できる生活環境が必要であり、学校ではB男とC子を常に見守りできる限りのことをしていたが、学校でできることには限界があった。スクールカウンセラーとしても、学校関係者へのサポートを通してしかB男とC子に関わることができず、B男とC子に十分なサポートができないままに卒業していった。ここに、福祉の視点をもつスクールソーシャルワーカーが存在していれば、もっと違ったアプローチがあったのではないだろうか。

　学校ごとに多少の差はあるだろうが、学校での教育相談体制は整っており、例えば虐待を疑うケースの場合には児童相談所に通告または相談をし、児童相談所の相談員も学校を訪問し的確な助言を与えてくれる。そのほかにも、自治体によってサービスの内容に差はあるが、子ども家庭支援センターなどの協力体制が整っている。そして中学校に配置されているスクールカウンセラーが、要望に応じて小学校での相談を受けるなどの体制もある。そのほか

に、民生委員、保健所などの協力体制もある。これらの社会資源を活用し、家族をサポートする体制づくり、母親が必要としている支援を学校とは立場の違うスクールソーシャルワーカーの立場から提供することで、何らかの打開策につながったのではないだろうか。

　また、学校間での小・中連携もおこなわれている。事例2の場合、小・中連携でB男についての情報共有がなされ、B男が進学した中学校には適応指導教室があったことが幸いし、B男の母親は適応指導教室の教員に心を開くようになり、B男への接し方、C子の問題について相談をするようになったということだった。子どもを見守るさまざまな機関があり、機関同士で情報が共有されることで、子どもたちがより安全で安心できる生活を送ることにつながるだろう。その情報共有や機関同士の連携はスクールソーシャルワーカーの存在でさらにスムーズになるのではないかと期待される。

　事例3は、小学校と中学校でのサポートを通して、なんとか将来の目標をつかみ進学をしたが、自立の過程で挫折したケースだろう。D子には、中学校を卒業した後も何らかのサポートが必要であり、筆者を含めた関係者は相談のできる公的施設を探し、D子に紹介し通うように勧めたが、D子の自宅からは遠く、交通費がかかることなどから通えなかったようだ。ここでも、スクールソーシャルワーカーが存在していれば、高校との連携がさらに密にとれただろうし、高校を退学した後の進路についてもD子の相談に乗ることができたのではないだろうか。D子が自立するまでの過程で必要な資源を、福祉的な視点から提供できていれば、小学校や中学校でのサポートもさらに生きたのではないだろうか。

　スクールソーシャルワーカーの活用事業を利用している多くの自治体では、小・中連携に力を入れている。しかし、子どもが虐待の被害者になるのは幼児からであり、保育所や幼稚園での家庭や子どもに対する支援、保育所・幼稚園から小学校への連携は重要である。また、子どもが自立の一歩を踏み出す高校でも、特に幼少期から問題を抱えていた生徒には支援が必要だ。小さいころから関わり、子どもを支えるネットワークをもち、福祉政策に精通したスクールソーシャルワーカーが存在すれば、児童・生徒がそれぞれ自立の道を歩み、安全な生活環境を自らの手でつかむことにつながるのではないだろうか。さらに、小・中連携、中・高連携は現場の教職員によって現在まで

もおこなわれてきており、不十分ではないと感じている。現場で最も困難と感じるのは、児童・生徒が卒業した際、次の場所では誰が中心になってサポートシステムを作り、機能させていくかが不明瞭であることだ。それぞれの現場で懸命な努力がなされているにもかかわらず、次の機関でその努力が生かせないことは、非常に残念なことだ。情報がいくら共有されても、情報をまとめ保持し、関係諸機関をまとめる存在なくしては子どもたちは一貫したサポートが得られず、生活は守られないだろう。また、どのような社会資源があるのか、どのような福祉サービスが受けられるのか、将来を考えたうえでの福祉サービスの利用について、教育現場では知られていないことも多い。スクールソーシャルワーカーがコーディネーターとして関係諸機関をまとめ、子どもの人権を守るという視点での福祉サービスの活用についてのリーダーシップをとることを期待したい。

おわりに——課題と展望

　学校教育現場では、福祉のサービスを必要とする児童・生徒が増えていると日々感じている。父親のリストラ、病気による休職、離婚による経済的な問題、保護者からの虐待、発達障害など、子どもの力だけでは、あるいは家族の力だけでは、学校の力だけではどうにもならない状況がある。福祉の視点をもち、福祉政策に精通したスクールソーシャルワーカーが子どもと関わることにより、子どもの生活がさらに守られることを期待する。

　また、中典子が『アメリカにおける学校ソーシャルワークの成立過程』で指摘しているように、文部科学省管轄の学校教育施策と厚生労働省管轄の社会福祉施策の関係は極めて縦割り的であり、現代の子どもをめぐる生活状況をトータルに捉える施策立案ができていないように、教育と福祉は切り離されているのが実情である。例えば、保育所や児童相談所は厚生労働省の管轄だが、学校は文部科学省の管轄だ。スクールカウンセラーやスクールソーシャルワーカーを導入しているのも文部科学省だ。文部科学省も厚生労働省も、現在の子どもの実情への対応策としてさまざまな施策を導入しているが、子どもを取り巻くそれぞれの関係機関がその専門性を発揮し、効率よく機能す

るためには、情報の共有を円滑にすることが重要であり、ネットワークの構築が必要不可欠である。福祉の専門家であるスクールソーシャルワーカーが教育分野に入ることで福祉と教育をつなぐ役割を担えるのではないかと考える。

　一方で、スクールソーシャルワーカーがその専門性を発揮し機能するには、時間が必要だろうと感じている。地域を知り、地域資源を熟知し、キーパーソンになる人と関係を構築するというサポートシステムは時間と労力をかけて構築されるものだからである。そして、スクールソーシャルワーカーの存在や役割を地域社会に啓蒙していくことも、今後の課題になるだろう。地域に根ざした専門家という存在になるには、時間が必要だろうし、またその専門性をいかに磨いていくかが重要になると考える。

注
（1）和気純子「ソーシャルワークの史的展開と展望」、植田章／岡村正幸／結城俊哉編著『社会福祉方法原論』所収、法律文化社、1997年
（2）中典子『アメリカにおける学校ソーシャルワークの成立過程』みらい、2007年
（3）同書
（4）半羽利美佳「スクールソーシャルワークの国際的動向」、日本スクールソーシャルワーク協会編、山下英三郎／内田宏明／半羽利美佳編著『スクールソーシャルワーク論——歴史・理論・実践』所収、学苑社、2008年
（5）同論文
（6）山下英三郎著、日本スクールソーシャルワーク協会編『スクールソーシャルワーク——学校における新たな子ども支援システム』学苑社、2003年
（7）森成樹「スクールソーシャルワークをめぐる行政と民間の動向」、前掲『スクールソーシャルワーク論』所収
（8）香川県教育委員会「香川県スクールソーシャルワーカー活用事業」（http://www.pref.kagawa.jp/kenkyoui/gimu/gimu/ssw/H20_SSW.pdf）参照
（9）福岡県教育委員会「スクールソーシャルワーカーの活用についてQ&A」（http://www.pref.fukuoka.lg.jp/uploaded/life/27/27159_misc1.pdf）参照
（10）門田光司『学校ソーシャルワーク入門』中央法規出版、2002年
（11）「日本臨床心理士資格認定協会」（http://www4.ocn.ne.jp/~jcbcp/what.html）参照

（12）近藤邦夫「理論編——スクールカウンセラーと学校臨床心理学」、村山正治／山本和郎編『スクールカウンセラー——その理論と展望』所収、ミネルヴァ書房、1995年
（13）鵜飼美昭／鵜飼啓子『学校と臨床心理士——心育ての教育をささえる』ミネルヴァ書房、1997年
（14）比嘉昌哉「スクールソーシャルワークとスクールカウンセリング」、前掲『スクールソーシャルワーク論』所収

参考文献

ダリル・ヤギ著、上林靖子監修『スクールカウンセリング入門——アメリカの現場に学ぶ』勁草書房、1998年
楡木満生編『スクールカウンセリングの基礎知識』新書館、2002年
山野規子／峯元耕治編著『スクールソーシャルワークの可能性——学校と福祉の協働・大阪からの発信』（ニューウェーブ子ども家庭福祉）、ミネルヴァ書房、2007年
古橋啓介／門田光司／岩橋宗哉編『子どもの発達臨床と学校ソーシャルワーク』ミネルヴァ書房、2004年
和気純子「ソーシャルワークの史的展開と展望」、植田章／岡村正幸／結城俊哉編著『社会福祉方法原論』所収、法律文化社、1997年
日本学校ソーシャルワーク学会編「学校ソーシャルワーク研究」第3号、日本学校ソーシャルワーク学会、2008年
日本臨床心理士資格認定協会編『臨床心理士の歩みと展望——財団法人日本臨床心理士資格認定協会20周年記念』誠信書房、2008年
「文部科学省」(http://www.mext.go.jp/a_menu/chihou/07120704/002/009/005.htm)

第4章
特別支援教育での スクールソーシャルワーカーの 役割

藤井茂樹

はじめに

　いま、学校はいじめ、不登校、学級崩壊、学力低下など多くの課題を抱えている。また、虐待、貧困、外国人問題などの家庭の状況も、子どもの学校生活に影響を与えている。これらの課題との関連も含めて、LD（学習障害）、ADHD（注意欠陥多動性障害）、HA（高機能自閉症）などの発達障害も注目されている。

　このさまざまな課題に対応するシステムが公教育で整えられてきている。例えば、不登校児童・生徒への対策としては、スクールカウンセラーの配置の拡充、「心の教室相談員」の配置などによる教育相談体制の充実、教育委員会が設置・運営する不登校児童・生徒の学校復帰に向けた支援をおこなう「教育支援センター（適応指導教室）」の設置の推進である。また、学校・家庭・関係機関が連携した地域ぐるみのサポートシステムを整備する整備事業もおこなっている。問題行動に対しては、「問題行動に対する地域における行動推進事業──問題行動児童・生徒の自立支援のためのシステムづくり」が進められている。問題行動などを起こす個々の児童・生徒に着目して的確な対応をおこなうため、学校、教育委員会、関係機関などからなるサポートチームの形成など、地域での支援システムの構築である。

　発達障害を含む障害のある児童・生徒への対応は、従来の特殊教育から特別支援教育に移行し実施されている。特別支援教育とは、障害のある子ども一人一人の教育的ニーズを把握し、そのもてる力を高め、生活や学習上の困難を改善または克服するために適切な指導と必要な支援をおこなうものである。あわせて、小・中学校の通常の学級に在籍する発達障害のある子どもも

含め、より多くの子どもたちの教育的ニーズに対応しようとしている。小・中学校、高等学校などはさまざまな関係機関とネットワークを作って、子どもの成長に応じて一貫した支援をおこなうのである。

　ところが、児童虐待に関する学校での支援の体制となると、対応策を模索している状況である。文部科学省「学校等における児童虐待防止に向けた取組について（報告書）」（2006年5月29日）では、学校と教職員に求められている役割を主に2つあげている。日頃から子どもたちに接し、子どもの様子から虐待の問題に気づきやすい立場にあるという点からの役割と、虐待的な家庭状況に置かれている子どもへの「教育的援助」という観点から求められる役割である。すなわち、早期に関係機関に相談、または報告すること、関係機関と連携しながら被虐待児童に対して学習指導や生徒指導を通じてトータルな支援をおこなうことである。その一方、学校ができないことは、家庭への立ち入り調査などの介入と医療・福祉・保健的な措置などである。

　児童虐待や不登校への対応として、福祉の視点に立ったサービスを提供するスクールソーシャルワーカーが注目されている。スクールソーシャルワーカーは、子どもの抱える問題に対して、本人だけでなく置かれている環境にも着目し、学校内あるいは学校の枠を超えて関係機関との連携を強化し、子どもの自立を促すコーディネーター的存在として活動する[1]。この活動は、スクールソーシャルワーク（子どもたちが日々の生活のなかで出合ういろいろな困難を、子ども側に立って解決するサポートシステム）に基づいた支援である。ソーシャルワークでは、問題を個人と環境の不適合と考え、問題解決の際に個人と環境の双方を視野に入れ、状況に応じて個人をエンパワーしたり環境を改善したりすることに力点を置く。個人と環境の両者にはたらきかけるので、それらの間にあって関係調整や仲介・連携・代弁（権利擁護）をおこなう。個人のニーズに応える資源がない場合は、資源を作り出す。このような支援の視点は教育現場では不十分であり、当事者への支援が中心になってしまう。

　文部科学省は、2008年度から「スクールソーシャルワーカー活用事業」を実施している。この事業は、教育分野に関する知識に加えて、社会福祉などの専門的な知識や技術を有するスクールソーシャルワーカーを活用し、問題を抱えた児童・生徒に対し、当該児童・生徒が置かれた環境へはたらきかけたり、関係機関などとのネットワークを活用するなど、多様な方法を用い

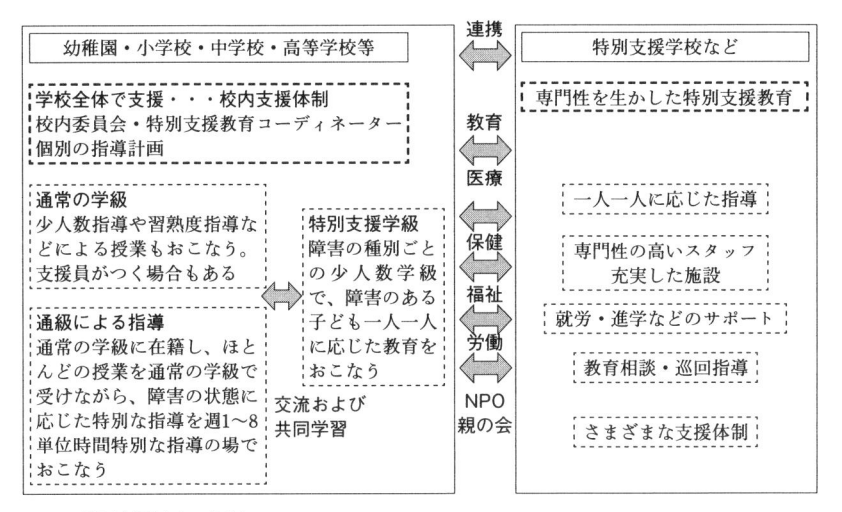

```
┌─────────────────────────────────┐  連携  ┌─────────────────────────────────┐
│ 幼稚園・小学校・中学校・高等学校等 │ ⇅ │ 特別支援学校など              │
│ ┌─────────────────────────────┐ │    │ ┌─────────────────────────────┐ │
│ │学校全体で支援・・・校内支援体制│ │ 教育 │ │ 専門性を生かした特別支援教育  │ │
│ │校内委員会・特別支援教育コーディネーター│ │ ⇅ │ └─────────────────────────────┘ │
│ │個別の指導計画               │ │ 医療 │                                 │
│ └─────────────────────────────┘ │ ⇅ │ ┌─────────────────────────────┐ │
│ ┌──────────┐ ┌──────────┐     │    │ │ 一人一人に応じた指導          │ │
│ │通常の学級 │ │特別支援学級│     │ 保健 │ └─────────────────────────────┘ │
│ │少人数指導や│ │障害の種別ごと│   │ ⇅ │ ┌─────────────────────────────┐ │
│ │習熟度指導な│ │の少人数学級 │   │ 福祉 │ │ 専門性の高いスタッフ         │ │
│ │どによる授業│⇄│で、障害のある│   │ ⇅ │ │ 充実した施設                │ │
│ │もおこなう。│ │子ども一人一人│   │ 労働 │ └─────────────────────────────┘ │
│ │支援員がつく│ │に応じた教育を│   │    │ ┌─────────────────────────────┐ │
│ │場合もある │ │おこなう    │   │    │ │ 就労・進学などのサポート     │ │
│ └──────────┘ └──────────┘     │ NPO │ └─────────────────────────────┘ │
│ ┌──────────┐                  │ 親の │ ┌─────────────────────────────┐ │
│ │通級による指導│                │ 会  │ │ 教育相談・巡回指導           │ │
│ │通常の学級に在籍し、ほと│       │    │ └─────────────────────────────┘ │
│ │んどの授業を通常の学級で│ 交流および│ │ ┌─────────────────────────────┐ │
│ │受けながら、障害の状態に│ 共同学習 │ │ │ さまざまな支援体制           │ │
│ │応じた特別な指導を週1～8│       │    │ └─────────────────────────────┘ │
│ │単位時間特別な指導の場で│       │    │                                 │
│ │おこなう              │       │    │                                 │
│ └──────────┘                  │    │                                 │
└─────────────────────────────────┘    └─────────────────────────────────┘
```

図1　特別支援教育の体制

て課題解決の対応を図っていく。スクールソーシャルワーカーの職務内容を定義づけ、141地域を指定し、運営協議会を設置し進めていくのである。

　本章では、2002年度から体制整備が進められ、07年度から完全実施されている特別支援教育の実施状況から、福祉の視点を含めた支援事例をあげ、スクールソーシャルワーカーのあり方について論じていきたい。

1　特別支援教育の現状

　従来の「特殊教育」は、障害の種類や程度に応じて特別な場で手厚い教育をおこなうことに重点が置かれていたが、「特別支援教育」は、障害のある子ども一人一人の教育的ニーズに応じた支援をおこなうことに重点が置かれており、小学校・中学校の通常の学級に在籍する発達障害のある子どもも含め、より多くの子どもたちの教育的ニーズに対応するものである。この教育は子どもの可能性を最大限に伸ばすことを目指しており、図1の特別支援教育の体制をとっている。

　小・中学校や高等学校では校内委員会を設置し、特別支援教育コーディネ

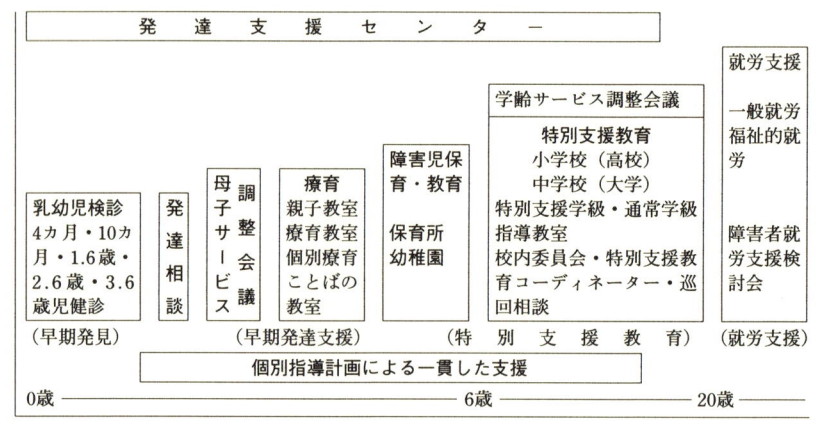

```
┌─────────────────────────────────────────────────────────┐
│            発 達 支 援 セ ン タ ー                      │
└─────────────────────────────────────────────────────────┘
                                              就労支援
                              学齢サービス調整会議       一般就労
                                   特別支援教育          福祉的
                                   小学校（高校）        就労
                                   中学校（大学）
  乳幼児検診  発  母  調  療育     特別支援学級・通常学級
  4カ月・10カ 達  子  整  親子教室 指導教室              障害者就
  月・1.6歳・  相  サ  会  療育教室                      労支援検
  2.6歳・3.6  談  |  議  個別療育 校内委員会・特別支援教 討会
  歳児健診        ビ      ことばの 育コーディネーター・巡
                  ス      教室     回相談
  (早期発見)    (早期発達支援)    (特 別 支 援 教 育)    (就労支援)
           ┌─個別指導計画による一貫した支援─┐
  0歳─────────────────────6歳────────20歳──
```

図2　湖南市のライフステージにおける発達支援

ーターを指名し、巡回相談員を活用しながら個々のニーズに応じた体制整備をおこなっている。関係諸機関と連携しながらの支援で、その橋渡し的な役割は、特別支援教育コーディネーターが中心におこなっている。

2 障害のある児童・生徒への支援（家族支援を中心に）

　筆者は2002年度、滋賀県湖南市で、障害のある人への生涯にわたる一貫した支援システム（発達支援システム）を立ち上げ、障害（発達障害も含む）、不登校、虐待などに対応してきた（図2）。このシステムでは、発達支援室（統括機関）を中心に、教育・福祉・保健・労働・医療との連携を図り、個別サービス調整会議を中心とした支援をおこなう。学齢期段階の支援では、小・中学校の特別支援教育と大きく関わりながらの取り組みである。以下で小・中学校に在籍する障害のある児童・生徒の生活支援（家族支援）の事例をあげながら、スクールソーシャルワーカーのあり方を検討していきたい。

(1) 母子家庭であり、精神疾患のある母親と発達障害兄弟への支援

　小学校1年生男児、3年生の兄、母親の3人家族（図4）。3年生の兄は、5歳時に高機能自閉症の診断を受け、児童施設内にある発達外来で医師、心

理士、言語聴覚士の指導を受けていた。兄は入学当初から情緒障害特別支援学級に入級し、1日に数時間通常の学級で交流と共同学習を受けていた。1年生の弟とはけんかが絶え間なくあり、精神疾患のある母親は兄弟に暴力をふるったり、食事を作らない日がたびたびあった。以前から給食費の滞納もあり、学級費も払えないときが多かった。母親の感情の起伏は大きく、担任から給食費の催促があったり、子どもへの関わりについて指摘があると、大きな声で怒鳴ったりして感情を露わにするのであった。1年の男児は授業中立ち歩くなど、落ち着かないことが多かった。学習面ではひらがなを書いたり読んだりすることが難しく、漢字が出てくると全くわからない状況だった。そのことを母親に伝えても、字を読んだり書けないのは担任の教え方が悪いと言い、本児への支援ができない状況だった。

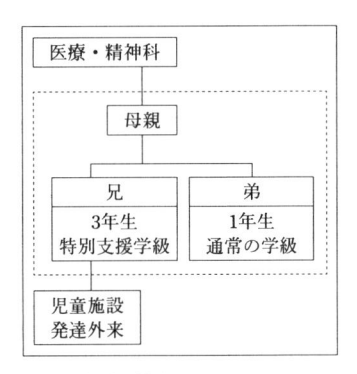

図3　事例の状態

　A小学校から発達支援室に相談の依頼があり、対応を始めた事例である。この事例は、学習上の問題だけではなく家族の問題が大きいため、兄弟を取り巻く環境へのはたらきかけを中心に支援することにした。湖南市発達支援システムの「相談支援システム」（図4）を活用した支援である。
　このシステムでは、支援の必要な事例があがってきたとき、まず相談支援チームを作る。筆者が学校と相談し、この事例を取り巻く環境から参加スタッフを決定した。学校が中心となる、すなわち校内委員会（湖南市内の小・中学校は、この委員会に特別支援教育だけではなく、生徒指導・教育相談機能をも付加させている）を軸にした個別サービス調整会議への参加スタッフである。この事例で必要とされる情報は、母親の経済状況、病状、兄が通所する発達外来の状況、弟の生育歴などであり、今後の支援で関わりをもつと考えられる関係諸機関である。市福祉事務所生活保護・障害福祉担当者、精神障害担当保健師、家庭児童相談室担当者、教育委員会特別支援教育担当指導主事、民生児童委員・民生委員、児童相談所ケースワーカー、保健所精神障害担当保健師、発達支援室担当者である。担当者は、それぞれの部署の業務として参加するため、出張依頼文書を出さなくても出席できるシステムにしてある。

```
                    相談支援のシステム
   ┌─────────┐  ┌─────┐  ┌─────┐  ┌─────┐
   │保育所・幼稚園│  │小学校│  │中学校│  │ 在宅 │
   └─────────┘  └─────┘  └─────┘  └─────┘
              ↓        ↓       ↓        ↓
           ┌────────────────────────────┐
           │       発達支援室            │
           │ 子育て支援課・保健センター・社会福祉課 │
           │       教育委員会            │
           └────────────────────────────┘
                        ↓
              ┌──────────────────┐
              │   相談支援チーム    │
              │  個別サービス調整会議 │
              └──────────────────┘
```

医師・児童相談所ケースワーカー・保健所保健師・民生委員・保健センター保健師、精神保健福祉士、障害福祉担当者・社会福祉担当者・教育委員会特別支援教育担当指導主事・保育士・発達相談員など

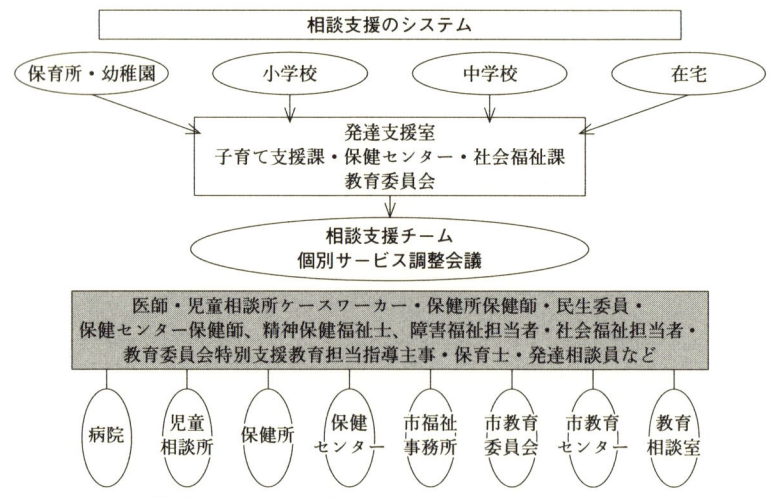

(病院)(児童相談所)(保健所)(保健センター)(市福祉事務所)(市教育委員会)(市教育センター)(教育相談室)

図4　湖南市の「相談支援のシステム」

　個別サービス調整会議ではまず、情報の共有をおこなう。母親の病状と生活状況（市精神障害担当保健師）についての情報である。次に、生活保護状況（市生活保護担当者）、児童施設発達外来の状況（発達支援室保健師）、学校での様子（学級担任、特別支援教育コーディネーター、管理職など）、乳幼児検診から就学前までの状況（発達支援室保健師）の情報を出し合う。この出し合った情報から、支援計画を立てていくのである。

　この事例では、母親への対応を中心に据え、兄弟への支援を検討していった。つまり、母親の病状の安定と子育てにおける支援、経済的支援、兄への特別支援教育の充実、弟の実態把握と個別の指導計画の作成と活用である。関係諸機関は、次のような役割分担を決めた。生活保護担当者は、母親の子育てについても受容的に関わり、民生委員と協力しながら母親を支えていく。精神障害担当保健師は、母親の主治医と連携をとりながら、定期的に母親と面談をおこなう。この保健師が発達支援室保健師と協力し、児童施設発達外来医師と連携をとり、医療と学校とのつなぎをおこない兄への対応を充実させていくのである。このとき、母親の了解のもと弟の診察をも依頼し、実態を把握した。学校での兄弟の様子から、身体的虐待やネグレクトが疑われた場合、学級担任と発達支援室保健師が家庭訪問をするか、または民生委

員が母親と会って状況把握をおこなった。事態に応じて児童相談所ケースワーカーが入ったり、精神科医師と連携をとるなどして母親の安定に努めていった。支援の主体は学校であるため、学校側が関係機関と連携できるよう筆者が橋渡しをし、月1回の個別サービス調整会議を通して関係の強化を図っていったのである。弟への対応は、児童施設の発達外来を活用しながら進めていき、発達外来スタッフと学校側（担任、特別支援教育コーディネーター）が個別の指導計画を作成し支援をおこなった。

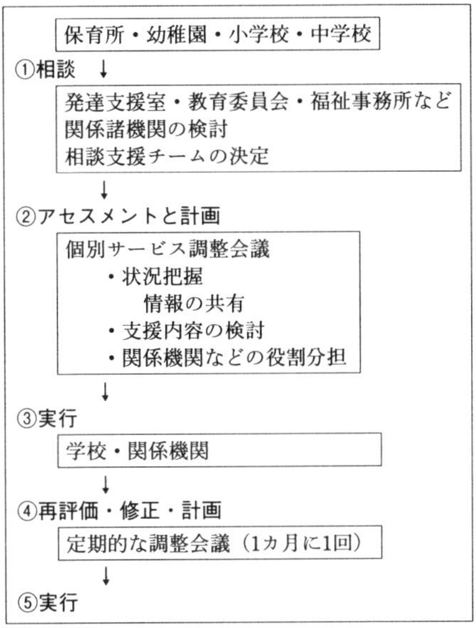

```
         保育所・幼稚園・小学校・中学校
①相談    ↓
         発達支援室・教育委員会・福祉事務所など
         関係諸機関の検討
         相談支援チームの決定
         ↓
②アセスメントと計画
         個別サービス調整会議
           ・状況把握
             情報の共有
           ・支援内容の検討
           ・関係機関などの役割分担
         ↓
③実行
         学校・関係機関
         ↓
④再評価・修正・計画
         定期的な調整会議（1カ月に1回）
         ↓
⑤実行
```

図5　支援のプロセス

この事例は、家族の安定、特に母親の安定なくしては兄弟の抱えている問題は解決できないと考えて取り組んだ事例である。家族全体の課題を整理し、関係機関と調整しながら学校が家族を含めて児童・生徒の支援に取り組めるようなコンサルテーションができる専門家が必要なのである。湖南市では、健康福祉部に設置してある発達支援室がこの役割を担っているといえる。支援のプロセスは図5に示したとおりであり、この形でどの事例についても支援が実施されていくのである。

(2) 知的障害がある母親の子育てへの支援 （特別支援学校に通学する自閉症児を抱えた家族への支援）

父、母、姉（中学校の知的障害特別支援学級2年）、本児（知肢併設養護学校小学部2年生男児）の4人家族（図6）。姉は軽度の知的障害があり、中学校から特別支援学級に入級する。小学校のときから入級を勧められていたが、母親の強い拒否があり小学校は通常の学級に在籍していた。母親自身、小・中学校のとき特殊学級に在籍しており、そのときに受けたいじめなどが姉の入級拒否につながったと考えられた。本児は、就学前に自閉症の診断を受けており、

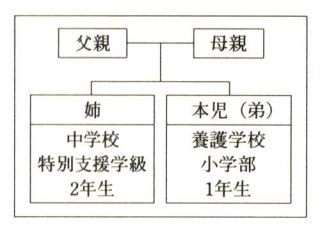

図6 事例の状況

```
        父親 ─── 母親
           │
      ┌────┴────┐
      姉        本児（弟）
   中学校      養護学校
  特別支援学級   小学部
    2年生      1年生
```

3年間療育を受けていた。本児には多動性があり、母親が家事をしているときに限って勝手に家を出てしまい、警察に保護されることが何度もあった。養護学校の担任は、母親に家事などをしているときに福祉のサービスを受けたらどうかと勧めたのだが、母親はその内容を理解できず何の手立ても打たない状況であった。本児が警察に保護される回数が増えていったため、養護学校から発達支援室に相談があった事例である。福祉サービスを受ける場合、保護者が市の福祉事務所に出向いてサービス申請をしなくてはならない。そのときに子どもの状況や家の事情を説明するのだが、保護者自身に課題がある場合、この申請システムは親にとって難しい。生活支援に関しては学校は直接対応できないが、支援を受けるための手続きや、不明な点の確認などを保護者と一緒にすることはできる。この事例は、支援を受けるプロセスを親と学校が共有することが必要と考えたのである。小学部内でケース会議を開き、そのなかに筆者が入り支援を開始していった。相談支援チームの構成は、市障害福祉担当者、知的障害者生活支援センター担当者、市教育委員会特別支援教育担当指導主事、発達支援室担当者、小学部主事、学級担任、特別支援教育コーディネーターである。両親への支援、特に母親への対応を中心に考え、両親への福祉サービスについての説明から始めた。筆者と障害福祉担当者が学校に出向き、両親と学校に対して福祉サービスについて説明をした。父親は、福祉のサービスを受けず、親戚に本児を預けるなどして対応したいという気持ちが強かった。福祉のサービスを受けることは、親戚や地域の人にどう見られるかわからないという心配もあり、なかなか了解が得られなかった。平日のホームヘルプサービスだけではなく、夏期休業中などのサービス活用もふまえての提示だったが話し合いは進まなかった。そのため、両親と担任、筆者が一緒に生活支援センターに出向き、直接サービス担当者からサービスの内容や具体的な利用の仕方の説明を受けたことにより、保護者から支援の承諾が得られたのだった。1週間に2日、夕方の母親の忙しい時間に、家庭でのホームヘルプサービスや事業所でのデイサービスを受けて本児は安定していった。月1回の個別サービス調整会議を開催し、関係機関

の情報共有から支援を継続していった。保護者自身に何らかの課題がある場合、学校としてどう保護者と関わっていけばいいかは大きな問題である。そのときにこそ、福祉の視点があり関係機関を調整できる専門家が必要になってくる。この事例では、学校と福祉サービスの活用などの調整ができる筆者が入ったことによって保護者の了解が得られ、家族支援が可能になったのである。

(3) 発達障害あり、不登校傾向にあった小学校5年生女児への支援

　父親、母親、本児（通常の学級在籍の小学校5年生）の3人家族（図7）。4年生の2学期から不登校傾向になり、県立小児病院で強迫性障害との診断を受けていた。病院では、カウンセリングと箱庭療法を受け、登校刺激をせず在宅の状況が続いていた。学校側と適応指導教室（不登校児支援）から発達支援室に依頼があり、対応した事例である。本児の不登校に対応するため、まず本児のいままでの学校での様子や学校が把握している家族の状況、病院からの情報などを整理することから始めた。そのため、学校で個別サービス調整会議を開催し、発達支援室保健師、適応指導教室担当者、民生児童委員、学校側（学級担任、学年主任、教育相談担当、特別支援教育コーディネーター、養護教諭、管理職）、筆者が会議に参加することにした。この会議では情報の共有を図ったが、医療からの情報と家族の情報が不十分だった。そのため、筆者と発達支援室保健師が小児病院の本児の主治医と話し合うことと、病院から得た情報をふまえ学校で母親と面談をすることにした。主治医の話では、強迫性障害との見立てであり、カウンセリングなどから、いまの段階での登校刺激は避け、定期的な通院を通して支援していってはどうかということになった。母親との面談では、主治医への不信感と本児のカウンセリング拒否もあり、しばらく通院をやめて筆者と保健師との面談や家庭訪問を通しての対応に切り替えることにした。家庭訪問では本児とも会うことができ、家族の状況（両親の関係、本児と母親、本児と父親との関係など）を把握するなかで、発達障害を疑った。主治医との関係もよくなかったこともあり、市と関係のある小児神経科医を紹介し受診することにした。そのときには保健師も同伴し、いままでの状況を説明した。診察の結果、アスペルガー症候群と診断を受けた。母親にも同じ傾向があることをふまえ、本児の不登校への対応と家

```
┌─────────┬─────────┐
│  父親   │  母親   │
└────┬────┴────┬────┘
     │        │
  ┌──┴────────┴──┐
  │     本児     │
  │  通常の学級  │
  │ 小学校5年生  │
  ├──────────────┤
  │ 県立小児病院 │
  │ 小児神経科   │
  └──────────────┘
```

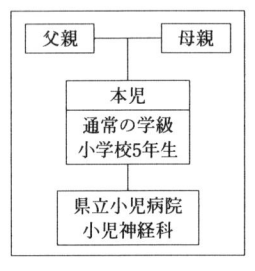

図7　事例の状況

族の関係調整をおこなっていった。個別サービス調整会議では、発達支援室保健師が医療との連携と母親への対応、適応指導教室担当者が学級担任と本児へのはたらきかけ、管理職と筆者が父親への対応をおこなうことにした。父親は仕事が忙しく本児との関わりも少ないこともあり、本児の状況が認められず、本児とのトラブルが絶えなかった。原因は学校への登校の催促や、家でのテレビ録画の禁止などである。筆者は、定期的に父親と会い、本児の状況と家庭での対応について話し合いを続けていった。母親は、保健師と小児神経科医との面談を通して安定していき、父親への対応も功を奏し安定した家族関係を保つことができたのである。そのことによって家庭での本児の居場所ができ、本児の状況を見て担任が行事への参加や学習への参加をはたらきかけていった。自然な形で学校が本児を受け入れたことによって、6年生の2学期から登校へと結び付いていった。本児のように不登校が病気と関連し、障害とも関わるという場合、学校だけでは対応しきれないのが現状である。学校では養護教諭が子どもの病気に対応するのだが、精神疾患となると難しい。市町の精神障害担当保健師との連携による医療との関わりが重要であり、障害福祉担当者の支援も必要になってくる。この事例の場合、筆者がコーディネーターになり、本児と母親の病気への対応を保健師が中心におこなっていくことで、不登校が改善されていったのである。

(4) ADHD傾向のある母親の、重度重複障害児子育てに対する支援

　父親、母親、児童福祉施設に入所し知的障害養護学校に通う小学3年生の兄、自宅から知的障害養護学校に通う小学部1年の弟の4人家族（図8）。兄弟は重度重複障害があり、ADHD傾向のある母親の養育能力の低さから、3年前から兄弟とも児童福祉施設入所を市の障害福祉課や児童相談所から勧められてきた。母親の強い拒否から、兄だけが1年前から児童福祉施設に入所し、弟は母親が養育することになった。弟が養護学校に通学するようになり、養護学校の担任が弟も施設入所が必要だと判断し、学校側から発達支援室に相談があった事例である。この事例では保護者、特に母親の養育状況や、

母親を支える父親の状況など情報収集が必要だった。以前からこの事例と関わっていた保健師を中心としながら、児童福祉施設担当者、市障害福祉担当者、児童相談所ケースワーカー、養護学校学級担任、特別支援教育コーディネーター、知的障害者生活支援センター担当者、筆者からなる個別サービス調整会議を開催することにした。保健師や担任からの情報

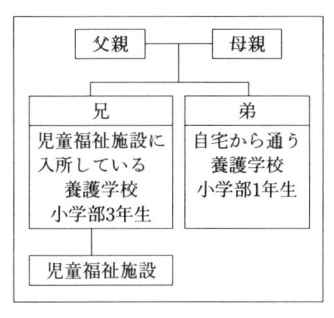

```
┌─────────┬─────────┐
│  父親   │  母親   │
└────┬────┴────┬────┘
     │         │
┌────┴────┐ ┌──┴──────┐
│   兄    │ │   弟    │
│児童福祉施│ │自宅から通う│
│設に入所し│ │養護学校  │
│ている   │ │小学部1年生│
│養護学校  │ │         │
│小学部3年│ │         │
│生       │ │         │
└────┬────┘ └─────────┘
     │
┌────┴──────┐
│児童福祉施設│
└───────────┘
```

図8　事例の状況

では、弟に対して食事や入浴など生活でのきめ細やかな支援がなされていないことが浮き彫りになった。この状況から、両親に弟の入所を勧めても了解が得られないことが予想されたため、家庭にホームヘルプサービスを入れながら、生活の立て直しを図ることにした。保健師、障害福祉担当者と筆者が両親への説明を担当、月に1回（第1週）生活支援センター担当者がホームヘルプに入り、保健師の家庭訪問を第2週、養護学校学級担任と児童福祉施設担当者が第3週、市の障害福祉担当者が第4週と家庭訪問をおこなうことにした。両親の了解が得られたので、月に4回の家庭訪問（そのうち1回はホームヘルプサービス）を実施し、弟の家庭生活状況の把握と母親の養育支援をおこなった。月に1回、個別サービス調整会議を開催し、それぞれの家庭訪問状況の報告と養護学校での兄弟の状況報告がなされた。この支援のなかで母親の養育態度に変化が見られ、食事や掃除、弟の身の回りの世話などの改善が見られたのである。弟の学校での様子もよくなり、1カ月に1回の兄の帰省は週に1回になり、家族4人での週末の生活が安定していった。将来は、4人が毎日ともに生活できることを望み、母親は日々の生活に頑張って取り組んでいる。この事例は、学校が家庭に入って支援することが難しい状況があったため、福祉サービスをうまく使いながら母親への支援をおこなったところ、母親自身の意識が変わり子育てに自信がもて、安定した生活が送れる状況になった事例である。このことは、福祉的視点をもった支援のコーディネートがおこなわれた結果だと考えられる。

3 障害のある子どもの支援における
　スクールソーシャルワーカーの役割

　事例1は母子家庭であり、母親に精神疾患があり兄弟とも障害がある生活保護家庭、事例2は知的障害のある母親であり、姉弟とも障害がある家庭、事例3は母親に発達障害があり、精神疾患症状が現れ不登校になったアスペルガー症候群の女児家庭、事例4は母親にADHD傾向があり養育力が弱く、重度重複障害のある兄弟がいる家庭の支援状況を述べてきた。この4例とも母親に障害があり、障害のある子どもの子育てに苦慮している場合である。家族支援を前提に、個々の子どものニーズに応じて特別支援教育を推進するには、教育分野に精通しているだけではなく、社会福祉などの専門的な知識や技術を用いて、児童・生徒が置かれている環境へのはたらきかけや関係機関とのネットワークを活用した支援がおこなえる専門家が不可欠である。学校現場には、スクールカウンセラーが中学校に配置されているが、福祉的な視点でのサポートをする立場ではない。特別支援教育コーディネーターが小・中学校で指名されており、関係機関との連携や個々の事例のコーディネートを業務としているが、必ずしも専門性のある教員が指名されているわけではない。

　滋賀県湖南市の場合、発達支援室が地域コーディネーターの役割を担い、福祉と医療と教育をつないだ相談支援チームを形成する。支援チームは事例が置かれている環境を互いに情報を共有しながら分析し、その環境を調整するため関係機関が役割分担を決めて取り組む。子ども自身への対応は学校が中心におこない、保護者への対応など家族支援は関係機関が連携しながらの支援である。発達支援室がスムーズに教育現場に入り、学校の特別支援教育体制のなかで生活・家族支援の必要な事例を中心に、学校とともに支援をおこなっている。個々の学校の事例に応じるため、発達支援室は市役所内で保健・福祉・教育・労働部局の担当者と定期的に会議をもち、障害のある人への支援などの事業の摺り合わせや各担当課がもっているサービス内容から個々の事例に対して何ができるかを検討している。

```
┌──────────────┐
│ 児童相談所    │
│ 市福祉事務所  │
│ 保健所        │
└──────┬───────┘
       │              ┌──────────────────┐
┌──────┴───────────┐  │ 市教育委員会学校教育課 │
│ スクールソーシャルワーカー │──│ 市教育センター    │
└──────────────────┘  ├──────────────────┤
       │              │ 適応教室          │
       │              ├──────────────────┤
       │              │ 通級指導教室      │
       │              └──────────────────┘
┌──────┴───────────┐
│ 特別支援教育コーディネーター │
│ 教務主任・生徒指導主任     │
│ 特別支援学級担任・養護教諭 │
│ 上記の中から複数指名       │
└──────┬───────────┘
┌──────┴──────────────────────────┐
│        校　内　委　員　会         │
├────────┬────────┬────────┬────────┤
│ 教育相談 │ 生徒指導 │ 特別支援教育 │ 保健指導 │
│教育相談部会│生徒指導部会│特別支援教育部会│ 保健部会 │
└────────┴────────┴────────┴────────┘
```

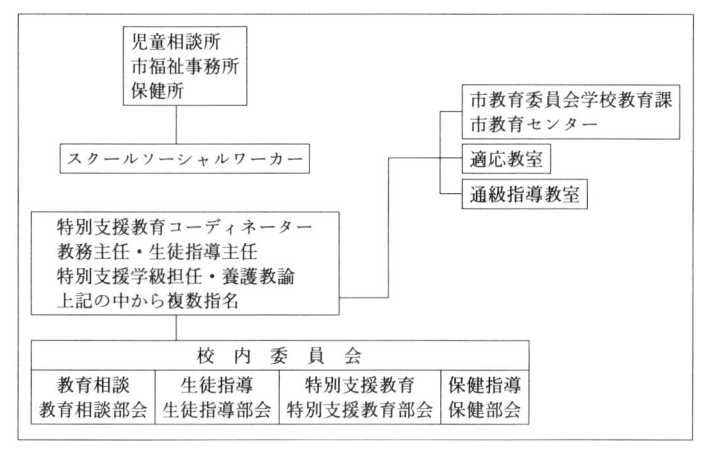

図9　スクールソーシャルワーカーと特別支援教育体制

　小・中学校では、障害のある児童・生徒の支援の中心は、学校教育の枠内での指導や発達支援などであり、家族支援となると関係機関との連携なくしては対応できない。個々の事例に対して協同で関わる場合、特に教育と福祉とが連携して支援をおこなうには難しいのが現状である。教育は以前から学校で抱えてしまおうとする傾向があり、福祉は教育の状況を把握できていないため、教育との連携のあり方に苦慮している。したがって、教育と福祉をつなぐ役割としてのスクールソーシャルワーカーの教育現場への導入が必要だと考える。湖南市の場合は、このスクールソーシャルワーカーの役割は発達支援室が担っており、地域コーディネーターとして小・中学校を巡回している。特別支援教育における巡回相談員とスクールソーシャルワーカー、保健師の役割を兼ねているのである。

　スクールソーシャルワーカーが小・中学校を巡回して関わる場合の学校体制を図9に示す。特別支援教育体制で進めてきた校内委員会などの窓口である、特別支援教育コーディネーターとの協同による支援が考えられる。特別支援教育コーディネーターは教育に関わる関係機関（不登校・障害児・生徒指導などを扱っている）との連携を、スクールソーシャルワーカーは福祉・保健に関わる関係機関（障害福祉・家庭児童相談室、児童相談所、保健所など）との連携をおこなう。特別支援教育コーディネーターがスクールソーシャルワーカ

ーと絶えず連携をとりながら、個々の児童・生徒の置かれている状況を分析し、必要な関連機関と連携をとりながら支援体制を形成していく。この連携を強化するには、学校現場が普段から教育関係機関と連携を強めておくことが前提であり、そのうえでスクールソーシャルワーカーが関係する保健・福祉機関とを結び付けていくことによって個々の事例の支援が充実していくのである。スクールソーシャルワーカーを、市役所内のどの部局の所属にするかが問題になる。たとえ社会福祉の知識と技術があっても、教育委員会に所属する立場で福祉事務所や保健師との連携ができていくだろうか。また、福祉事務所の所属にして小・中学校を巡回していっても、学校現場との連携が十分果たせるだろうか。縦割り行政の現状のなかで福祉と教育との連携のあり方を考える場合、湖南市の取り組みは極めて参考になると考える。

おわりに

　障害のある児童・生徒の支援について、特別支援教育体制のなかでのスクールソーシャルワーカーのあり方を論じてきた。いま、学校ではさまざまなタイプの子どもへの対応に苦慮し、子どもの背景にいる保護者への対応にも厳しさが増している。特別支援教育体制を、発達障害などの障害がある児童・生徒だけに対する支援体制ではなく、不登校やいじめ、虐待などのさまざまな児童・生徒への支援体制として考えていくことによって、スクールソーシャルワーカーと特別支援教育のための協同体制とでおこなう支援の重要性が見えてくるだろう。湖南市の取り組みから、スクールソーシャルワーカーの役割を発達支援室担当者（特別支援教育の専門家と保健師）が担い、教育・福祉・保健・医療などと連携しながら個々の事例を支援するという実例を紹介したが、これは、今後のスクールソーシャルワーカーの教育現場への導入のあり方について示唆を与えると考える。教育現場への専門家の派遣は、教育現場の立場に立った学校支援であることが望まれる。

注

（1）山下英三郎著、日本スクールソーシャルワーク協会編『スクールソーシャルワーク——学校における新たな子ども支援システム』学苑社、2003年

参考文献

藤井茂樹／小山正「軽度の特別なニーズのある子どもと特別支援教育——甲西町発達支援システムによる支援を通して」、岐阜大学教育学部編「岐阜大学教育学部研究報告（教育実践研究）」第5号、岐阜大学教育学部、2003年、191-197ページ

藤井茂樹「ニーズに応じた個別支援システムの課題」、中久郎編『社会福祉の理念と技法』所収、行路社、2003年、189-205ページ

藤井茂樹「生涯発達を視野に置いた支援体制作り」、発達障害者支援法ガイドブック編集委員会編『発達障害者支援法ガイドブック』河出書房新社、2005年、131-145ページ

門田光司『学校ソーシャルワーク入門』中央法規出版、2002年

学校等における児童虐待防止に向けた取組に関する調査研究会議「学校等における児童虐待防止に向けた取組について（報告書）」文部科学省、2006年

文部科学省「スクールソーシャルワーカー実践活動事例集」2008年

日本学校ソーシャルワーク学会編『スクールソーシャルワーカー養成テキスト』中央法規出版、2008年

山下英三郎『相談援助——自らを問い可能性を感じとる：子どもたちとの関わりを中心に：分かりやすいソーシャルワーク実践』学苑社、2006年

第5章

事例別 スクールソーシャルワークの実践方法

石川瞭子

　ここまで学校の精神保健福祉の向上に資するためにスクールソーシャルワーカーの活躍が期待されていることを論じてきた。本章では第1節で12事例を詳述し、第2節で事例を社会資源との関連で振り返り、第3節で学校の精神保健福祉を実践するうえでの問題の構図を解き明かし、第4節で実践方法を述べる。そうすることで、スクールソーシャルワーカーの専門性と自己同一性を確立する礎としたい。

　ちなみに、スクールカウンセラーの派遣制度が学校現場に導入された直後は、その存在は「何をしに来たのか」と期待と警戒の入り混じった感情を関係者に抱かせ、遠巻きにされた。学校現場で受け入れられたのは導入後5年くらい経過した後である。したがって、スクールカウンセラーも学校に定着して5年程度しかたっていない。それでも水野や佐藤が述べているように「心の専門家」としてある程度の認知と承認を得ている。

　一方、スクールソーシャルワーカーは門田や藤井が述べているとおり「福祉の専門家」として学校教育の場に登場することになる。その仕事内容は、例えば解雇や病気や障害による生活困窮家族の児童・生徒への支援、家族崩壊から社会的養護が必要になった児童・生徒の保護、児童虐待や不適切な育児から児童・生徒を保護する、という生活問題への支援が中心になるだろう。

　それでは、スクールソーシャルワーカーは、発達や障害がある児童・生徒の療育、いじめ問題や不登校や引きこもりの児童・生徒、校内暴力事件や窃盗などの少年事犯や児童買春に関与した児童・生徒に関わらなくていいのか。児童・生徒の発達という側面はほかの関係者に任せるばかりでいいのだろうか。つまり、生活の問題と発達の問題を切り離すことができるか、という問題だ。

　児童・生徒の発達問題と家族の生活問題は個別に存在している場合もなくはないが、多くは同時並列的に発生している。発達問題に家族の問題がかぶ

さって児童・生徒の精神保健上の問題を形成し、手がつけられない状態に至った問題も少なくない。一方、児童・生徒の問題が家族の潜在的な危機を顕在化させ困難事例へと変貌を遂げることもよくある。

支援の緊急性と必要性があるそれら難解な問題をものともせず、問題の見立てをおこない、手立てを検討し、見通しが必要であれば他職種との協働と多機関との連携を取り付けて問題の改善ないし解決をする、そうしたスクールソーシャルワーカーが教育の現場に期待されている。学校現場で「福祉の専門家」と認知され承認されるためには、発達と生活に関する専門性、学校の精神保健福祉で実績を積み上げていくことが求められるのである。

なお、以下の12事例はスクールソーシャルワーカーとして対応した事例ではない。しかしソーシャルワークの視点、特に精神保健福祉の視点を重視して対応している。どの問題も混沌とし茫漠とした状態で相談依頼がきている。他職種や多機関との連携も必須だった。

筆者のような隠れたソーシャルワーカーが学校現場に相当数いて学校の精神保健を担っていることを忘れてはならない。彼らもまた苦渋の第一歩から始めた。児童・生徒と家族の生活福祉の向上のため精神保健福祉の領域で頑張ってきたのである。まずA男の事例から話をしよう。

1　12事例からスクールソーシャルワーカーの仕事を検討する

●事例1：3番目の妹は21番トリソミー（ダウン症）

母親は「中学1年のA男が夏休み前から不登校になって2学期が始まっても学校に行かない」と相談室を訪れた。母親は「なぜ登校しないのかと何度も聞いたが、A男が黙っているので理由がわからない」と述べ、「A男が登校しないので2人の妹たちも真似して不登校している」とため息をついた。両親は自宅で自営業を営む。

母親の勧めで来所したA男は、中肉中背の真面目そうな風貌をしたいかにも中学1年生らしい少年だった。家業が不況の影響を受けて不振だという母親の話を深刻な表情で聞いていた。両親は数人を雇用して自営業を営んでい

たが、大手に仕事を奪われて仕事量が減っているという。母親は職人らの食事を作り、朝から晩まで働いていた。Ａ男のほかに小学生の妹２人が断続的な不登校状態だという。筆者の「どうして学校に行きづらいのかな?」という質問に、Ａ男は「臭いと言われる」と述べた。母親は「そんな……」と絶句した。

翌日、Ａ男の中学校の担任を呼んで面接すると、担任は「Ａ男は学力の境界線児で中学の勉強についていくことに無理がある」と述べた。また、妹らが所属する小学校の教頭は「姉妹ともに学力境界線児で、小学校ではなんとかなるが中学は難しい」と述べた。そして「Ａ男は小学生時代、学業はかんばしくなかったが休むことはなかった」と語った。

翌週、Ａ男の知能検査をして結果を両親に話すことにした。Ａ男と両親が来校した。Ａ男の知能検査は相談員が別室でおこなった。父親は真面目そうな寡黙な人物で「不況のなか家業を継続することは大変だ」とこぼした。父親は「母親の家へ婿として入り家業を引き継いだ。家業には親族など数人が従事していて、それらの家族の生活の面倒を見なくてはならない。責任が重い」と言う。

Ａ男は知能検査を受けたほかに家族画を描いた。家族絵には妹が３人描かれていた。筆者が「妹は３人いるの?」と質問すると両親は「いえ、Ａ男の間違いです」と否定した。知能検査の結果、知的障害の可能性が濃厚だった。しかし障害の程度は通常学級に該当する範囲で、それが不登校と直接に結び付くとは思えなかった。教室にはＡ男よりも学力が劣る生徒が数人いるが不登校ではなかった。Ａ男の不登校が長引かないうちに解決する必要があると考え、父親の協力を取り付けた。父親は１週間、Ａ男の登校に付き添った。そして１週間後、Ａ男は単独で登校を開始することができた。

Ａ男の学校生活を関係者に確認すると全く問題なく学級活動に参加していた。妹たちも順調に登校を開始していた。両親の了解のもとに面接を終了した。しかし１カ月後に担任から電話がありＡ男が再び不登校になっているということだった。来所したＡ男は筆者の「何かあったの?」の質問に黙り込み、涙を流した。

Ａ男が別室に移動したのを確認して、筆者は母に「Ａ男君は学業不適応と集団不適応を起こしているようです。大学病院などで発達の検査をしてもら

い転校を含む進路変更を検討する必要があるようです」と述べた。母親は口を一文字にして沈黙し、即答を避けた。面接は2回キャンセルされた。そして1ヵ月が経過した。

　母親から電話があり、母親と父親が来室した。父親は「A男の発達が遅れているのはわかっていた。A男の発達の遅れを認めると2人の妹の遅れも認めなくてはならなくなる。それはA家にとって存続の問題だ」と述べ声を詰まらせた。長い沈黙を破ったのは、「いちばん下の妹は21番トリソミー（ダウン症）」という母親の言葉だった。

　「3人目の妹は生後まもなくダウン症の診断を受けた。同居している祖母や親戚は先祖の名に傷がつくと、外に連れ出すこと、他言することを禁じた。だから乳幼児定期健診も予防接種も受けていない。3階のベビーベッドに隔離されA男が面倒を見ていた。A男が中学校で「臭い」と言われたのは、妹と一緒の部屋で寝てオムツの交換をしているからだ。今回の不登校は妹がベビーベッドから落ちて頭にケガをしたことが原因だ。「A男がきちんと世話をしないからケガをした」と祖母や親戚から叱られた。A男はショックを受けた。それから外出できなくなった」と一気に母親は語り、そして大声で泣きだした。

　筆者は両親をねぎらい、至急3番目の妹を連れてくるように母親を促した。母親に抱えられながら訪れた3歳になる妹は体重10キロ・身長78センチで座ることもできなかった。一度も太陽を浴びたことがない皮膚は青白く、言葉も話せなかった。おびえたように面接室をながめて、パニックから泣くばかりだった。

　筆者は両親の了解のもとに福祉センター療育相談員に連絡をして、至急に療育プログラムを立ててもらうよう依頼した。また母子保健センターの保健師に連絡をして健康診断と予防接種などの段取りを作ってもらった。さらに役所の家庭福祉課に連絡をして障害児枠で保育所の入所手続きを進めてもらうように依頼した。

　3番目の妹の療育プログラムが開始され、健康診断を受けて保育所に入所することになってから、両親は大きく変化を見せた。健康的には問題がなく養育環境を良好に保てばそれなりに成長できることがわかり、母親は安堵したようだった。母親はその子をバギーに乗せて来室し、「単語だけだけれど

も話せるようになった」とうれしそうに語った。その後、妹はつかまり立ちからよちよち歩きができるようになった。家のなかでも居間の両親の寝室で寝起きし、家族の一員として一緒に食事するようになった。

そのような状況もあり、両親はＡ男や２人の妹の進路について考える余裕が出てきたのだろう。Ａ男と妹らの所属学校を変更し特殊学級（現・特別支援学級）が併設されている地域の公立学校に転校の手続きをした。Ａ男も妹らも生き生きと登校を開始し、のちにＡ男は養護学校高等部（特別支援学校高等部）に進学して技術を取得し、卒業後に父親の仕事を手伝うことになった。妹２人も無事に通学していると母親は電話で報告してきた。

しばらくして父親が訪ねてきた。「入り婿としてＡ家に入って４人の子どもをもうけて、その子らの全員が知的に問題があると認めたら、自分も家族も存在できなくなってしまうと思っていた。Ａ男に本当にすまないことをした。３番目の妹の世話を押し付けた。Ａ男が不登校になって、これ以上隠せないと知った。３番目の妹が障害児であることを公にした。それでよかったと思っている。家族に笑顔が戻った。それが何よりうれしい」と語った。寡黙な父親が深々と頭を下げて去っていった。

●事例２：家庭内暴力と不登校を主訴とするＢ子と弟の親権争い

Ｂ子の両親は同じ大学で知り合った。同棲中は母方の実家が生活費の面倒を見ていた。父親は医師の資格取得中だった。母親は高校の教師だった。母方の実家は長い歴史のうえに築き上げた由緒ある家業の暖簾(のれん)を守っていた。父方の実家は裕福ではないが、会社員の祖父が給与を手堅く貯めて医学部に通う息子（父親）の学費にあてていた。母親と父親はともに長子で、いずれも妹が１人いた。母親がＢ子を妊娠して両親は入籍した。

２歳下に弟が生まれた年に、父方の実家の強い要望で同居することになった。しかし、同居生活では父方の祖母と母親がうまく折り合えなかった。専業主婦の姑は嫁である母親の高校教師という職業を理解することができなかった。約３年後、母親は子を連れて実家に逃げ帰った。父親は怒り、母親の実家に弟を取り戻しに押しかけた。それ以降、弟を奪い合う両家の激しい攻防が繰り広げられていた。

小３のＢ子の不登校と家庭内暴力が発現したのは、弟の親権をめぐって両

家間で裁判になり、父親側の実家から執拗に引き渡しを求められた時期と重なる。弟は母方の実家でも父方の実家でも跡取りとして期待されていた。母方実家も、弟を絶対に渡さないと有能な弁護士を立てて全面的に闘う構えだった。弟は小学校1年生で、B子が不登校になってから一緒に登校しなくなっていた。線が細いおとなしい子だった。

　主訴であるB子の家庭内暴力は、両親が弟をめぐって争う日々に辟易したB子が父親のどなり声に反応したかのような行為だった。B子は大声をあげてカッターナイフを振り回し、居間のソファーやカーテンを切り刻んだ。そのときに止めようとした母親の妹である叔母の腕にケガを負わせた。幸いケガは大事には至らなかったが、ショックを受けた母親は筆者らの元を訪れた。母親は仕事と育児と離婚裁判の抗争に疲れ果て、ぼろぼろの状態で、睡眠薬と安定剤を服用するようになっていた。

　B子と弟の面接は母親の仕事の都合で叔母が付き添った。叔母は家業を手伝い、家事全般も引き受けていた。B子と弟は叔母を母親代わりと思い、慕っていた。叔母も母親以上にB子らをかわいがっていた。叔母は決着のつかない裁判のゆくえと、母親が高校3年の学年主任で進路指導担当という重大な責務の両立に苦しんでいると話した。ある日、叔母は来室するときに祖母を同伴した。

　祖母は由緒ある暖簾を守ってきた気概と誇りを語った。そして眉を曇らせ、小さな声で「メキシコでB家の悪い風潮を流す人がいる」と筆者らに述べた。筆者が「どうしてそのように思うのですか？」と聞くと、「電波が飛んできて悪口が聞こえる」と祖母は述べた。祖母を別室に案内して叔母から話を聞くと、祖母の幻聴は以前からで、それを嫌いB子の父親は子らを父方の実家に移したのだという。

　叔母は過去に結婚して両親と同居していたが、1年で離婚した。その離婚の理由も祖母の精神的な問題だったという。祖母の被害的な幻聴や妄想は日常的だったが、生活に大きな支障が生じないのでいまは精神科の治療は受けていないという。

　叔母の話によると、代々の女系家族で入り婿をとり暖簾を引き継いできたB家は、直系の嫡出子のB子の弟に将来を託そうとしている。祖父は外に愛人をつくり、B子の母親と同年の息子がいる。愛人の息子の存在はB家では

公然の秘密になっている。祖父は、弟に家業を継がせることができない場合は愛人の息子に暖簾を譲ると言っている。それはなんとしても阻止しなくてはならない。愛人の息子は近くに住んでその機会を狙っている、と叔母は言う。

　母親は仕事の合間をぬって来室した。母親は見るからに疲弊しきっていた。母親は「仕事を失えば医者で高給取りの父親に親権がいってしまう。だから仕事は失えない。だが実家に帰れば祖母が子らに良くない影響を与える。だが子の面倒を見てくれる人がいなければ仕事は続けられない」と堂々巡りの話を繰り返しては泣いた。

　「B子と弟は叔母と寝ている。家のなかでは妹の叔母が母親で、自分は妹以下の存在だ。また祖父の愛人に自分と同じ年の息子がいて暖簾を引き継ぐ機会を狙っている。祖父にとって息子の方が大事なのだ。だからどこにも自分の存在がない」と母親は泣いた。筆者は「お母さんは死にたいと思ったことがある?」と聞いた。母親はドキッとした表情を見せて「実はリストカットが……」と手首を隠した。

　「リストカットをしてしまうのね」と筆者が手を伸ばすと、母親は着衣の袖をたくし上げて手首を見せた。左手の手首には無数の切り傷が平行線状に並んでいた。傷自体は深くないが、上腕に向かって25センチから30センチの範囲に及んでいた。リストカットはこの2、3年前から始まっていた。

　母親は精神安定剤と睡眠薬を内科から処方されていた。精神科に通うことは、祖母のこともあり抵抗があるという。しかし、母親の精神的な状況は内科の範囲を超えていた。「女性専用の精神科クリニックが近所にあるので行ってみませんか?」と母親に尋ねると「行ってみたい」と応じた。母親はその精神科クリニックへ通いだした。そして、1ヵ月後の母親は、落ち着いたすがすがしい表情をして筆者との面接に臨んだ。

　筆者は、「お母さんは仕事と育児の両立のほかに裁判があって心身ともに疲弊している。裁判を中断することを検討できないか」と提案した。母親は「え?」という表情をした。筆者は「お母さんの仕事が高3の学年主任と進路指導担当教諭で、ここ当分は緊張の連続が続く。仕事で間違いをしたら職場を追われることになる可能性がある。裁判を中断し父親と弟の定期的な面会を約束し、親権に関しては棚上げにしてみたらどうか」と話した。しばらく

考えて母親は、「父親がどう出るかの問題だ」と述べた。

　母親からの連絡を受けて父親が相談室に来室した。「弟の将来が心配だ」と父親は言う。筆者は「父親だから当然です」と相槌を打ちながら「弟がしばらく学校に通っていないでB子と家にいる。学校という集団生活が子どもの発達には必要不可欠です」と言うと、父親は「同感です」と言う。そこで「もしお母さんが職場の近くにアパートを借りて小学校の学童保育室を放課後に利用するとしたら、お父さんはどう思われますか？」と聞くと、父親は「母親の実家から子らが出るのは賛成です。養育費は負担します」と言う。

　その言葉を受けて、母親は職場から30分以内にアパートを見つけて、B子と弟と一緒に引っ越した。父親は引っ越してから1週間、子らの登校に付き添った。B子と弟は問題なくすんなりと登校を開始した。母親は父親からの仕送りと自らの給与で3人の生活を支えた。食事を作り子育て全般をするようになって、母親はすっかり母親らしくなった。

　母親は「叔母に頼りきった生活で母親としての自信をなくしていた。暖簾の引き継ぎは愛人の息子がしたいと言うのならすればいい。私には高校教諭の仕事がある。アパートで暮らすようになって父親が子育てを助けてくれるというのがうれしい。親として人間として自信を取り戻した」と言う。「リストカットはどう？」と筆者が質問すると、「リストカットを忘れていました」と笑いながら左手首を見せた。傷跡は茶色く色落ちしていた。

　叔母が訪ねてきた。叔母は「B子と弟がいなくて寂しい。姉からしばらく来ないでと言われた。私は何を頼りに生きていけばいいかわからない」と泣いた。筆者は「叔母さんがいたので姉一家はやってこられた。これからは叔母さんご自身の幸せを追求されたらいい」と述べて個人カウンセリング室を紹介した。

●事例3：黒いビニール袋を重ね着したC子と弟の苦悩

　C子は弟と母親の3人で晩秋の朝、福祉機関の玄関に立っていた。不審に思った機関の係の者が話しかけた。3人は逃げるそぶりを見せた。黒いビニールのゴミ袋を重ね着した3人は寒さに震えていた。係の者が館内に案内して筆者が呼ばれた。筆者は3人の服装に驚きを禁じえなかった。面接室に入室して母親が話しだした。

3人は近所の公園で2晩過ごし、1日半も食事をしていないという。2日前に住んでいたマンションを出たという。弟は頭に包帯を巻いており、それは3日前の火事に驚いて逃げる途中につまずいて家具に頭をぶつけて出血したためという。包帯は薬局で買って母親が巻いたようだった。血が滲んでいたが、出血は止まっているようだった。

　住んでいたマンションは電気も水道もガスも止められていた。近所で小枝を集めて七輪で火を起こし、こねた小麦粉を魚焼き用の網の上で焼いたパンのようなものを食べ、飢えをしのいできた。七輪の火が飛び火してボヤになり、消防車が来て大騒ぎになってマンションにいられなくなった。弟のケガはそのときにできた。家のなかはごみがあふれていたので、ボヤですんだことが奇跡だと消防士に言われた、と母親は言う。

　父親は何年か前に家出し、養育費を出すかわりに離婚を請求してきた。母親は離婚に同意して月々の生活費をもらうことにした。マンションは離婚のときに父親から慰謝料として譲り受けた。しかし何年かして、父親からの仕送りが滞った。ここ何カ月かは仕送りがなく生活費に事欠き、電気も水道もガスも滞納で止まり、マンションの管理費も払えない状況だった。飲み水とトイレは近所の公園ですませた。

　そのような状況でボヤを起こした。幸い大事には至らなかったが、消防車の放水で下の階が水浸しになった。マンションの管理人から補償問題だと言われて母親は驚いた。その夜に子ども2人と夜逃げして公園で2晩明かした。しかし思ったよりも深夜は冷えて一睡もできなかった。金銭も全くなくなり、3人とも1日半食事をしていない。C子と弟は不安そうに震えながら筆者らを見上げていた。

　筆者はコンビニエンスストアに行き、3人分の弁当を買ってきて食べさせた。そして母子相談室の相談員に連絡した。駆けつけた母子相談員はC子と弟と母親の着衣を見て驚き、自宅に戻って服をかき集めてきた。福祉事務所のワーカーは母子寮（現・母子自立支援施設）に緊急入所の手続きをして、その晩寝る場所の確保をした。

　筆者らはシャワー室に案内して、母子に髪と体を洗うように促した。3人は相当の間、風呂に入っていない様子だった。面接室には、ゴミを集めたような臭いが立ち込めていた。3人はゴミ収集場所に置いてあるゴミ袋を集め

て着用していた。よほど寒かったのだろう、数枚ずつを着ていて、その下の着衣は垢でごわごわしていて衣服という状態ではなかった。

　シャワーを浴びて母子相談員が持ってきた服を着用すると、3人はどこにでもいる親子に見えた。聞くところによるとC子は中学1年生、弟は小学校6年生だった。母親は元劇団員で演劇を職業にしていたという。こざっぱりするとなかなかの美人だった。C子も弟も賢そうな顔をしていた。しかしC子も弟もしばらく登校をしておらず、C子が在籍している中学校とも弟が在籍している小学校とも関係が切れたままだった。

　C子が在籍する中学校と弟が在籍する小学校に連絡すると、不登校の状態になってから連絡が取れない状態だったという。関係者によれば、登校していたときはC子も弟も学習の理解がよく成績もよかったそうだ。ただ母親が精神的に不安定で、朝の起床が定まらず、子らは母親の看病と世話で登校できない状態だったようだ。父親がいたときから母親の精神状態は悪く、父親が去ってから以後は訪問しても居留守を使ってドアを開けることがなかった。関係者は、C子らが歩いて数時間以上もかかる当該機関で保護されたことに驚いた。

　翌朝、母子寮から訪れたC子と弟と母親は穏やかな表情を見せていた。子ども担当相談員がC子と弟を別の部屋へ案内した。母親と筆者は向かい合った。母親は礼を述べた。唇に紫色の口紅をしていた。口紅の色は霊が乗り移らないための呪いなのだ、と母親は説明した。筆者は「いつから霊の存在を感じるの？」と質問すると母親は「大人になる前から」と答えた。筆者はさらに「いつごろからゴミを片づけられなくなったの？」と聞くと、母親は「父親の仕送りが途絶えて3人で死のうと思ったころから」と答えた。「お母さんは2人のお子さんを育てることに大変な苦労をしてきた。死のうと思ったのはご主人の仕送りが途絶えたときが最初ですか？」と聞くと母親は、「死のうと思ったのはもっと若いころからで、精神病院に入院したこともある」と話した。そして母親は「何度も入院して何度も退院して……」と答え、「最近はお金がなくて薬が買えない、残りの薬がない」とバッグからボロボロの処方箋袋を取り出した。

　筆者は福祉事務所のワーカーと母子相談員と児童相談所職員との会議を開いた。早急に母親を精神科医に診断してもらう必要があった。C子と弟は教

育を受ける環境に置くことが求められた。結果として母親は精神科病院に入院して治療を受け、Ｃ子と弟は同じ児童養護施設に入所して学校に通うことを支援することが決まった。

　不思議なことに、長い不登校にもかかわらずＣ子も弟も勉強の遅れもなく学校生活に適応した。母親は体調がいいときは児童養護施設まで会いにきたり、またＣ子と弟が病院に母親を見舞ったりした。それからもときどき、母子相談員や福祉事務所ワーカーが定期的にＣ子と弟のいる児童養護施設に出向いて様子をうかがった。入院していた母親は体調を回復し、通院で服薬管理する段階まで至った。

　のちに生活保護を受給してＣ子と弟を引き取り、３人で学校の近くのアパートで生活が開始された。１年半後だった。福祉事務所のワーカーと母子相談員と保健所の精神保健相談員と民生委員が支援に関わった。母親は保健所で開催される精神科デイケアに参加した。

● 事例４：Ｄ子の父親の多重債務と自殺企図

　中学１年のＤ子は、すらりとした容姿と賢そうな瞳が印象的な女子だ。長い髪を後ろ結いにして母親に寄り添って面接を受けに来た。母親は物静かな女性だった。２人はＤ子が登校しなくなって３カ月で相談室を訪れた。不登校のきっかけはクラス内でいじめにあったということだが、いじめたとされる女子が自宅に遊びに来ると喜んでいるという。母親は動揺し、不登校の原因がわからないと筆者の前で眉をしかめた。

　別の日来室したベテランの女性教諭の担任は「Ｄ子はしっかりした子で、成績も上位で、何が不登校の原因かわからない」と述べたが、Ｄ子の再登校は支援すると約束してくれた。Ｄ子の父親を呼んだ。母親と連れ立って現れた父親は、穏やかそうな顔に似合わず大きな体格をしていた。しっかりとした声とはきはきした物言いは知性の高さをしのばせた。筆者は不登校の解決の方法を父親に告げた。父親は会社にＤ子の不登校を開示し、１週間の午前の休暇をもらった。そして５日間、Ｄ子の登校に付き添った。Ｄ子は登校を開始した。

　不登校が解決して面接も終結し半年が経過するころ、Ｄ子が再び不登校になったと母親から連絡があった。来室した母子は半年前とは異なり憔悴した

様子だった。聞くところによると、父親が失踪して帰宅しなくなったという。同時に複数のサラリーマン金融から返済の督促の電話や電報があるという。父親は職場からも失踪した。父親は競馬に入れ込み、多重債務に陥っていたのだ。職場から解雇通告を受けて、母親が荷物を引き取りに行くと段ボール箱に複数のサラリーマン金融の請求書が入っていた。

　D子と母親は社宅に住んでいたので、1カ月以内に引っ越すように会社から通告された。アパートを探すためにはまとまった資金が必要だ。しかし母親は自分名義の預貯金をしていなかった。母親は近所でパートを始めたが、D子と2人の食事代に消え、アパートの敷金などの蓄えはできなかった。社宅を出なくてはならない日が迫った。

　そのようなある日、D子が社宅のベランダから飛び降りて死ぬとわめいている、と母親から電話があった。筆者らが駆けつけると、社宅の7階のベランダから身を乗り出しているD子が確認できた。D子は、筆者らが近づいたら飛び降りて死ぬと大声で言った。父親の理不尽な振る舞いに対する怒りを口走りながら、もう生きていけないと泣いていた。

　ひっきりなしに訪れるサラ金の取り立て業者や電話や電報に神経が消耗したのだろう。D子の「生きていても意味がない、死んだほうがまし」と興奮して、落ち着くまで2時間以上も必要だった。筆者らは必死に「お母さんを残してD子は自殺できないはず。お母さんが悲しんでいる。私も悲しい。D子に生きていてほしい。生活は確保することでお母さんと話し合っている」と話し続けた。D子が疲れ果ててベランダに座り込んだときは夕暮れがすっぽり町を包み込んでいた。

　翌日、D子と母親は精神科病院に行った。D子はしばらく入院することになった。筆者らは児童相談所と福祉事務所のワーカーと緊急の会議をもった。母親を母子寮（現・母子自立支援施設）で生活できるように手配をした。福祉事務所のワーカーが生活保護の申請をして、D子が医療扶助で治療できるように手続きを進めた。母親の兄が遠方から駆けつけて引っ越しの準備をした。母親は母子寮に入所した。半年ほどしてD子は退院し、転校した中学に通いだした。母親もパートを始め、母子寮での2人の生活が続いた。

　さらに半年したころ、母親が訪ねてきた。父親から母親の実家に手紙があったという。父親は母子に迷惑をかけてすまなかったと詫びており、いまは

東京に戻っているので母親に会いたいと書いているという。母親は戸惑っていた。やっと安定を手に入れたばかりだった。筆者が母親に「どうしたいですか?」と聞くと母親はしばらく考えたが、「父親が無事かどうか確認したい」と言う。母親は父親と1年ぶりに再会した。

　母親はうれしそうだった。父親はローン返済のために建築関係の仕事に就いていた。賭け事はきっぱりとやめてもう少しでローンの返済も終わる、と父親は述べたという。筆者が「お父さんの多重債務は今回が初めてですか?」と聞くと、母親は唾を飲み込んで「実は3回目です」と答えた。
「最初は700万円で、そのときは父親の実家が代弁した。2回目は400万円で母親の実家が代弁した。そのつど、もう賭け事はしませんと父親は家族の前で謝り、誓いを立てて証書も書いた。まさか3度目の借金とは……」。そこまで話して母親は大きなため息をついた。「最初の借金のときに金融関係の仕事を追われ、2回目は恩師からの紹介の一流企業をやめて、今回は3度目の職場でよくしてもらっていた。靴箱から長靴がなくなっていたのでおかしいと思っていたけどまさか職場で履き替えていたとは。職場から引き取った段ボール箱に長靴が入っていた。日曜出勤と父親は話していたのに」と母親は言う。
「お母さんはお父さんの賭け事と借金の癖が直ると思いますか?」と筆者が聞くと、母親は「もう治らない。あの年になれば変わらない」と即答した。そして「もうたくさんだという思いと、断ち切れない思いが交差している」と答えた。筆者は「D子さんを巻き込まないよう配慮をしてください。お父さんとの関係はお母さんの責任で」と述べた。母親はその後も父親との関係を続けた。

　そして何ヵ月かして母親は1通の手紙を持参した。手紙は父親からで「再び借金をしてしまった。死んで詫びる。離婚してくれ」という内容だった。遺書だった。筆者らは急いで父親が住む地域を管轄する警察署を訪ね、警察官とアパートの管理人の4人で父親の住むアパートに向かった。管理人が部屋の鍵をあけた。まず目に入ったのはきれいに洗濯された下着が窓際のハンガーにかかって揺れている光景だった。座卓の上には飲みかけの一升瓶とコップと印が押された離婚証書が確認された。父親の姿はなかった。部屋はきれいに掃除されていた。父親は家賃を滞納したまま行方不明になっていた。

母親は家出人捜索願を警察署に提出した。書類を提出する母親はもはや自力で立てず、女性警官に支えられた。

母親は強い抑うつ状態になり、D子と精神科病院に入院することになった。希死念慮が強くなり、親子心中が心配された。精神科医師も、今回の入院は長くなるかもしれないとつぶやいた。父親の消息は不明のままである。

●事例5：E子と2人の弟の障害児認定と生活保護の不正受給

　母親は3人の子を連れて相談室を訪れた。中学1年のE子と小6の弟と小1の弟だ。3人とも不登校で家にいた。E子の不登校が始まってから何年も経過していて母親も不登校の開始日を忘れたという。小6の弟は、姉が学校に行かないので「ずるい」と述べ、登校しなくなった。するといちばん下の弟も行かなくなった。母親によると3人の子は知的に重度の障害がある。不登校の原因はいじめで、障害を理由にいじめられたという。今回の相談は、3人の知的障害児としての認定をお願いしたいということだった。

　母親は3人の子らを連れて児童相談所に行って検査したが、判定は軽く、納得できなかった。3人の子らには重度の発達の問題があるはずだ、だから診断してほしいという。中1のE子はほつれた髪の毛を束ねもせず、弟らの後を追いかけ、騒がないように面倒を見ていた。子ども担当の相談員3人が3人の子らの発達の検査をするために別々に退出するのを待って、筆者は母親の面接をおこなった。

　E子の父親は病死、小6の弟の父親とは離婚、小1の弟の父親は交通事故で死亡ということだ。祖母所有の家に住み生活保護で生活している。祖母は高齢で母親も病弱で働けない。3人の子は公害病の小児喘息の認定を受け、医療費が無料である。そしてこの相談室で発達の遅れが確認されれば特別児童扶養手当が出て、子らの教育にお金がかけられるという。3人とも不登校なので家でパソコンをさせたり本を買い与えたりしなくてはならず、お金が必要だと母親は言う。

　母親は31歳で、19歳のときにE子を妊娠・出産した。そして次々に弟を出産した。見た目は健康そうだ。祖母は53歳で、母親が言うような高齢ではない。「おばあさんとお母さんと3人のお子さんが家にいたらにぎやかでしょう？」と筆者が質問すると、母親は「いいえ、祖母も私も忙しいの

で」と述べ、「3人の子の面倒で大変です」と追加した。筆者はE子の爪に黒い泥のようなものが詰まっていたのを見ていたので、「家にお風呂がないのですか?」と聞いた。母親は「ええ、5人で銭湯に行くと1,000円かかりますから」と述べた。

3人の知能検査の結果が出た。数値的に3人とも境界線児だが、その理由は、学習能力があるにもかかわらず十分に能力が開発されておらず放置された結果だろうという診断結果だった。知能の発達の偏りや病的な側面の問題はなく、全般的な発育の遅れが観察されたが通常の範囲だという。来室した母親に筆者が「よかったですね、発育の遅れはありませんよ」と言うと母親は「困るのです。重度の障害が認定されないと無料の療育が受けられない」と述べた。それで母親に「当機関は無料で療育プログラムを作りますから大丈夫ですよ」と筆者が説明すると、母親は憮然とした態度で帰宅した。

次の面接からはE子が弟らを連れて相談室を訪れた。「お母さんは来ないの?」と筆者が聞くと「出かけている」とE子は答えた。「お母さんは出かけることが多いの?」と筆者が聞くと弟が「うん」と答えたが、E子は「しっ」と音を立てて弟を遮った。「おばあちゃんはどうしているの?」と筆者が聞くと、3人は筆者を見上げて押し黙った。

筆者は児童相談所に連絡を入れ、E子らが検査に行かなかったか聞いてみた。児童相談所の心理判定員は「E子きょうだいのことはよく覚えています」と述べた後に、「通常、親は子の障害認定を忌避するものなのに、E子の母親は重度の認定をほしがっている。なぜなのか。特別児童扶養手当が目的としか考えられない」と話した。3人が重度の認定を受ければ合計で相当額の加算があるという。筆者も同様の仮説をもっていたので、以後も連絡を密に取り合うことになった。

3人の子らは来室を継続していた。継続して関わるとE子らの発達の遅れは放置されたことによる影響という側面が強く意識された。つまり、ネグレクトの可能性が示唆されたのである。ある日、E子は家の間取りを描いた。1階は台所と風呂場とおじさんの部屋、2階の居間の6畳間に母親と祖母と3人の子が寝ているという。居間にはテレビ・パソコン・餅つき機などが所狭しと置かれているようだった。風呂場があるのに、なぜ母親は銭湯に行くと述べたのだろうか。おじさんとは誰のことか。母親と面接をしたいが、母親

は電話連絡ができない日が続いていた。

　何日かして母親が、アメやクッキー、チョコレート、スナック菓子が大量に入ったビニール袋を持って現れた。筆者にも「召し上がりませんか?」とチョコレートをテーブルに置いた。筆者が丁重に断ると、残念そうにチョコレートを袋に戻した。母親にE子らが描いた間取り図を見せ、「風呂があるのになぜ銭湯に行くのですか?」と聞いた。母親ははっとした表情をして、「いままで風呂が壊れていて使えなかった」と答えた。おじさんがいるとお子さんが話していますがと聞くと、「親戚を用心棒としておいてあげている」と母親は答えた。そして翌週からE子らは来室しなくなった。

　筆者らはE子の在籍中学校や弟らの小学校と連絡をとり、担任に家庭訪問を試みてもらった。しかしE子らは、家のなかにいてもドアを開けることはなかった。母親も祖母も不在のようだった。近所の話では、祖母は朝早く出かけて夕刻に帰宅し、母親は昼ごろに出かけて夕刻に帰宅するが、中年の男性は昼から酒を飲み道路で小尿をするので近所迷惑ということだった。

　そのようなある日、母親から面接をしてほしいと電話があった。母親の話では、実の妹の夫が服役中で、妹は精神科病院に入院中だという。妹には小学校3年生の男子がいて、その子は養護施設（現・児童養護施設）に預けられている、かわいそうなので甥を引き取りたい、手続きをしたいので児童相談所にかけあってくれないか、と言う。甥はちょうどE子の小6の弟と小1の弟の中間であり、母親は男の子を育てることは経験ずみなので安心すると妹も言っている。甥も一緒に生活したいと言っているし便宜を図ってもらえないか、とたたみかけるように母親は言う。

　筆者は児童相談所と福祉事務所と学校関係者と民生委員との会議を開いた。民生委員は、E子の母親はパチンコにのめり込んでいて育児を全くせず、E子が母親代わりにコンビニエンスストアで弁当を買って弟に食べさせており、祖母はビルの清掃をしながらE子らの生活を支えているが、母親がパチンコ依存と男の酒代に使うので困窮していると話した。

　学校はいじめが原因の不登校だと認識していただけにショックを受けたようだった。福祉事務所のワーカーは母親がパチンコ依存だと知っていたが、祖母が生活保護受給中であるにもかかわらず申請書も提出せず就労していたことを知りショックを受けたようだった。児童相談所は、自宅を訪問し、甥

の引き取りが可能かどうか調べるという理由で生活を調査することにした。
　相談員が自宅を訪ねたときは中年の男性は不在だったが、2階の6畳間は家具などが散乱していて5人が寝たとしても折り重なるような状態であることが判明した。甥の引き取りは物理的に無理で、児童扶養手当が目的である可能性が濃厚になった。児童相談所の相談員から甥の引き取りはできないと告げられて母親は憤慨し、「もう相談はしない、何の役にも立たない」と筆者に電話で告げてきた。E子と2人の弟は不登校のままだ。

●事例6：F子の姉の性虐待と母親の精神障害の関係

　F子は小学校5年で、2年間の不登校だ。担任が代わって、新しい担任が自宅を訪問し、父親に筆者の相談室を訪ねるように強く求めた。父親はしぶしぶ筆者の元を訪れた。作業着を着た父親は40代半ばだった。「F子は場面緘黙で他人とは話をしない。連れてきても無駄だ」と父親は開口一番に話した。場面緘黙という言葉を父親が使用したので、「場面緘黙という言葉をどこで知りましたか?」と筆者は父親に尋ねた。父親は、「F子の姉が学校で話さないので、当時の担任がその言葉を使った」と述べた。中1の姉も小学校3年のころから不登校だった。
　筆者が「2人のお子さんは家で退屈していませんか?」と聞くと父親は、「漫画を描いたりテレビやビデオを見て楽しそうにしていて全く問題ない」と述べた。母親はパートタイムの仕事に就いているという。父親は「母親が精神的に変なので、子らは夜によく眠れんのです」と言う。母親は深夜、風呂場で絶叫するという。だから家の窓のすべてを目張りして声が漏れないようにしている。母親は精神病で薬をもらっているが、眠れない日が多く深夜になるとわめきだすので近所から苦情がくる、ときに警察が訪ねてくることもある、と言う。
　翌週、母親とF子が相談室を訪れた。聞くと母親は身長が160センチで体重が43キロ、F子は150センチで28キロだという。2人とも枯れ枝にTシャツを引っかけたかのようだった。母親は「病院は好きなのでよく行くが、医者から栄養失調と指摘されたことはない。ただ食が極端に細いだけ」と言う。F子は確かに寡黙だったが、筆者を見る瞳は賢そうだった。筆者が絵を描くようにと紙を出したが、母親と視線を交わした後、F子は警戒したように手

を引っ込めた。母親は精神障害者には見えなかった。

　翌週、父親とＦ子が再び相談室を訪れた。１キロの紙粘土を半分にして父親とＦ子に渡すと父親は話しながら作りだした。父が作ったのは手を踏みつける足だった。開いた手のひらは大きな足で踏みつぶされていて、しかも手と足は１本につながっている。異様な粘土制作物を前に筆者は声を失った。Ｆ子は手で粘土をこねていたが、結局、団子の状態で形を作り上げることはしなかった。

　父親と母親は同郷で、郷里で知り合い結婚した。父親の母親（祖母）は自殺し、弟と姉が精神科病院に入院中で、一家はバラバラだという。母親の実家に関しては何も知らないと父は口をつぐんだ。Ｆ子は粘土を手でこねながら父親の話に耳を澄ませていた。母親の精神障害はＦ子を産んでからで、それまでぽっちゃりした体形だったがガリガリになった。父親はぽっちゃりした体形が好きで、Ｆ子の姉がぽっちゃり体形で父親の好みのタイプだという。父親と姉、母親とＦ子が２部屋に分かれて寝ているという。

　筆者らは父子が退所したのちに、児童相談所職員と民生委員、姉の中学校とＦ子の小学校の担任と養護教諭を呼んで会議をもった。姉の担任は、姉は入学した当時から不登校だったので詳しい情報がないが、自宅アパートを訪ねても応答はなく、夜間は父親が玄関先で対応して本人には会わせない、という。Ｆ子の担任は同じく夜間に父親が対応するだけで母親とＦ子が玄関に出ることはないが、近所の話では、深夜に叫ぶ声がして警察のパトカーが駆けつけたという情報があるという。

　児童相談所の職員は、虐待の可能性がないか調べる必要がある、と話した。民生委員は「夏でもＦ子のアパートは窓を開けず目張りをしている。見る限りクーラーもない部屋でどうやって過ごしているのか」と不思議がった。そして「そういえば先日、平日に父親がショッピングモールで女性３人を連れて歩いていた」と述べ、「母親らしき人と女児２人は楽しそうに連れ立っていた」と言う。参加した関係者は一様に驚きの声を発した。

　会議で、姉の担任が学級通信を持参して進路相談という名目で昼間に訪問する約束を父親とかわすことにすると決まった。担任は父親の会社に電話を入れて、昼間にＦ子らのアパートを訪ねる約束を取り付けた。担任は６畳２間のアパートを訪ねた。夏場の蒸し暑い日の午後にＦ子と姉は窓も開けず、

クーラーもない部屋で生活していた。

担任はF子らに絵を描かせた。テーマのない自由画だったが姉は性的な物体を描き、それを赤いクレヨンで上から塗りつぶした。姉は、漫画の専門学校に行きたいと思っていると小さな声で話した。どんよりした暗い雰囲気のある姉だった、という。

筆者らは再び会議をもった。姉が描いた絵は性虐待が発生していることを示唆していると考えられた。児童相談所の職員が父親の在宅時間に訪問して父親と接触をすることが決まった。職員は「F子と姉の2人を病弱施設に入所させて健康を回復し、並行して教育を受けさせてみたらどうか」と父親に勧めてみた。しかし父親は、「子どもを手放す気はない」と頑として突っぱねた。

児童相談所の職員はその後も何度もアパートを訪問したが、父親と職員の関係は膠着状態に陥った。児童虐待防止法などが改正される前だったために、児童相談所の権限が限定されていた。児童相談所は、父親の意向を無視して強制的に子らを隔離することはできなかった。

その間、F子は筆者の相談室に通っていたが、1人で相談室を訪れることができるようになっていた。F子はある日、手が取れた人形を持参した。テーブルに置かれた人形は手縫いで、花柄のワンピースの袖から手が抜けていた。筆者は裁縫道具で人形の手を縫い付けて、ほつれたワンピースも直してあげた。「手が取れて人形さんは痛かったでしょうね、もう大丈夫だよ」と筆者が言うと、F子は「ありがとう」とはっきりした声で礼を言った。場面緘黙はそのころから次第に回復してきていた。

F子は面接室で話すようになった。面接室では90センチ×70センチの箱のなかにF子が望む世界を粘土で作る作業をし、筆者もそれに協力するという時間をもった。3カ月間の作業時間が予定されていた。F子ワールドを作りながらF子と筆者は話をした。F子は箱のなかは緑がいっぱいで木陰に人々が憩い、子どもが遊ぶ公園がある光景を再現したいと述べ、細かい手作業で一つ一つ丁寧に作り始めた。

F子は、「姉が夜になると隣の部屋で泣いている。その泣き声を聞くと母親が風呂場で大きな声で叫ぶ。その声を聞くことがつらい」と話した。F子は粘土を作りながら母親と姉の関係や父親と母親の関係を語り始めた。母親

は家事の一切をせず寝ている。父親が帰宅後にスーパーで買ってきた食材を並べる。父親は姉妹の勉強を見て、姉と風呂に入り、隣の部屋で寝る。F子は母親と風呂に入り、別の部屋で寝る。

ところがある日、母親が突然にF子の面接中に入室してきた。母親はF子が家で次第に元気になってきたのを知り気がかりになったのか、面接中のF子の状況を調べにきたかのような勢いだった。母親はF子が面接室で話をしているのを知りショックを受けたようだった。筆者が「F子さんは学校に戻れる状態です」と言うと、母親は憮然として「戻る必要はない」と話した。それ以後、F子は来所しなくなった。

F子の担任が家庭訪問をした。部屋に人がいる気配はあるが、チャイムに応答はなく、ドアも開けない。夜、児童相談所職員が父親の名前を呼びながらドアをノックしたが、父親も玄関口に出なくなった。そしてある日、F子一家は夜間に引っ越して行方をくらませた。筆者らは役所で引っ越し先を探したが、転校の手続きはされていなかった。

● 事例7：脳炎の後遺症で障害児になったG子と家族の崩壊

両親は地元でボランティアをしていた。父親は地元で自営業をしていた。仲のいい夫婦で3人の子がいた。何をするのも一緒でボランティアも夫婦で励んでいた。子らは3人とも勉強とスポーツが得意だった。地域の模範になるような家庭だった。

その家庭の中1の長女G子が年末に熱を出した。40度近くの高熱を出して意識が混濁し、両親は地域の中核病院に駆け込んだ。しかしあいにく年末で、小児科の医師が不在だった。医師と連絡がとれて診断を受けたのは一晩明けてからのことだった。医師は病原菌が脳に入り込んで脳炎になり、深刻な状態だと両親に告げた。

3日間、G子の意識は回復しなかった。意識を回復したときG子は、記憶をなくし、知的に重い障害が残っていた。幸い運動機能障害はなかったので、立ち歩きはできた。話せるが知識レベルは乳幼児レベルだった。両親は強いショックを受けて筆者の元を訪れた。母親は以前からボランティア活動をしていたので筆者とは面識があった。しかし、筆者の元を訪れるまで半年が必要だった。

母親は、「長い間、ボランティアをしていて障害者の世話をしてきたが、それだからこそ自分の子が障害児と認定されることが怖かった」と泣き崩れた。父親も傍らで涙を流していた。Ｇ子は両親の様子を眺めていたが、状況は理解できていない様子だった。両親は教育委員会から特殊学校（現・特別支援学校）に転校するように勧められていた。
　両親は学校や教育委員会の指導に傷ついていた。Ｇ子に障害が残った不幸よりも、社会の冷たい扱いに傷ついていた。両親は原籍校で教育を受ける権利があると譲らず、普通学校にとどまることにこだわった。担任は、Ｇ子の将来を考えれば個別的で特別な教育が必要だと述べた。両親は担任の態度にいきり立った。
　両親は当時普及し始めたばかりだったインターネットで障害児の教育訓練法を知り、アメリカから教科書を取り寄せてＧ子に教育し始めた。毎日Ｇ子に教育訓練を施した。Ｇ子は学級活動で長時間の着座ができず、教室から飛び出したり、制止する教員を跳ね飛ばしたりした。両親はＧ子を学校へ登校させるのをやめ、自宅で教育訓練法を実施した。担任と学校と教育委員会は、両親の強い主張に押し切られる形で家庭教育を認めた。
　両親は教育訓練法の教科書を持参し、障害児が奇跡的に回復した例がある、Ｇ子も回復する、回復するまで自分たちで頑張る、と筆者に宣言した。そして自宅の居間を改築して騒音をなくすための防音を施し、刺激を制限するために窓を塞ぐ改装をしたと述べた。理由は、Ｇ子が長時間の学習に飽きて大声をあげるからだという。こうして、１日７時間の教育訓練法の家庭教育が実施された。
　そのかいがあって、半年後にＧ子は自転車に乗って筆者の相談室に父親とともに来所することができるようになった。Ｇ子は挨拶を交わし、筆者の簡単な質問にも応答できるようなっていた。筆者は「親の情熱がＧ子をここまで回復させた」と褒めた。父親はＧ子をなでながら「脳炎から障害をもつようになって１年余り、本当に長かった……」と述べ、涙を流した。同席した担任は何も言えなかった。
　筆者は父親をねぎらった。父親は最近、母親が以前のようにＧ子の教育に熱心でなくなったと述べた。母親はネットショッピングにはまっており、使いもしない貴金属がタンスにあふれ、支払いが追いつかないという。担任は

「まさかあのお母さんが……」と絶句した。父親の依頼で母親の面接を実施した。

　来室した母親は、すっかり人が変わったかのようにやつれていた。痩せこけ、顔色も悪かった。筆者が「G子さんが奇跡的に回復して本当によかった」と言うと、母親は関心なさそうな態度で「ええ」とだけ答えた。筆者が「どうかしましたか?」と質問すると母親はしばらく黙っていたが、「ネットショッピングがやめられない。必要もないアクセサリーを買ってしまう。買いたいという衝動が抑えられない」と言う。「買い物依存症という病気があるけれども、もしかしたらお母さんは病気かも……」と言うと、母親は筆者の言葉を遮り、黙り込んだ。

　筆者が再び「何かあったんですか?」と聞くと、母親はしばらくして重い口を開いた。ある日、母親が買い物に行って帰ってくると父親がG子と居間にいた。ドアを閉め切り、窓もない部屋で父親はG子と2人きりで体を寄せ合っていた。母親が「あんた何をしているの?」と父親に聞くと、父親は我に返ったかのように驚いた。G子の膣にクレヨンが入れられていた。

　母親はその光景が忘れられなかった。その後、父親は何度も母親に謝り、G子を特殊学校の中等部に転校させる手続きをとった。しかし、どうしても母親は父親を許せなかった。そして母親は多額の借金を作り、G子以外の2人の子を連れて離婚した。父親はG子とともに自宅に残ったが、うつ病とがんを発症して入院した。家業はいつの間にか廃業し、G子は養護施設（現・児童養護施設）に入所した。G子の障害が発生して約1年半後に一家は離散した。

●事例8：H子を含む3人の「ムーニーマン」と母親の孤独

　3人の女児は相談室になだれ込んできた。筆者らが戸惑っている間に彼女らは面接室にあるおもちゃ箱をひっくり返し、あっという間におもちゃが散乱した。母親は眺めているだけで筆者に「なんとかしてください」と力なく述べた。

　面接室に異様な臭いが立ち込めていた。紙おむつに尿が浸み込んだ臭いだ。3人の女児はブランドの服の下に紙おむつをつけていた。長女のH子は小学校6年生、次女は小学校3年生、三女は小学校1年生だった。同じ小学校に

通っていて3人とも不登校だった。

　3人の女児たちは大きな声でおもちゃを投げ合い面接室のテーブルの上や椅子の上に跳び上がり心理テストの教材を放り投げた。筆者は「ストップ、やめて」と大声をあげ、「着座しなさい」と椅子を指した。H子らはやっと椅子に着座した。見れば母親の膝の上にもう1人女児がいた。母親は4人の姉妹をもうけていた。

　H家は裕福で大きな一軒家を所有していた。相談室へも会社の運転手が運転して母子を連れてきていた。敷地内の別棟に父方の祖母がお手伝いさんとともに住んでいた。祖父は1年前に他界していた。祖父は一代で巨額の財をなした。父親と母親は親戚の紹介で見合い結婚をした。母親の実家も裕福な家系だった。

　3人の紙おむつは、四女が生まれてから三女・次女・長女H子へと「伝染」したと母親は言う。3人の子らは、寝る前に四女と同様に哺乳瓶でミルクを飲む。不登校はH子が教室で「ムーニーマン、臭い」と笑われ登校しなくなり、それを次女・三女が真似た。仕方がないので母親は4人の子を連れてテーマパークへ行く。それは敷地内の祖母の視線をかわすためでもあるという。

　筆者が「なぜ相談室に来たのですか？」と聞くと母親は「そのうち子どもたちは学校に行くと思うので不登校は問題と思っていませんが、最近テーマパークへ連れて行こうとしても行きたがらない、行ってもすぐに帰ろうと言うのでそれで困っています」と言う。筆者がH子らに「もう、飽きたのかな？」と質問すると、H子は首をひねった。「本当は学校に行きたいのでしょう？」と筆者が聞くと、3人の女児はそろって首をひねった。

　不登校になって半年余り経過していた。筆者は母親に父親を同伴するようにと話した。父親は背広を着用していて、いかにも社長の雰囲気だ。「お似合いですよ」と筆者が感想を述べると、父親はまんざらでもなさそうだった。父親は「3人の子らが登校もせずに毎日テーマパークへ行くことをいまは心配している」と述べた。「最初は学校でストレスがあって不登校になったのだから気分転換も必要と考えた。だけど半年も毎日テーマパークに行くのはどう見てもやりすぎだと思う。このままだと子らは現実を誤解してしまう。テーマパークが現実だと認識してしまう」と言う。

同席していた母親は「いまさら何よ、半年間も放置して」と父親をなじった。父親は「H子が不登校になったとき母親と大学病院の小児科に行った。そこで医師から刺激しないで待つようにと言われた。そのうち次女・三女も不登校になった。待つように言われたからそうしているだけで、責任を取らないわけではない」と弁明した。母親は「3人の娘の不登校を母親の私のせいだと祖母が口汚く責める。それを父親は知りながら放置した」と涙ながらに責めた。面接室に気まずい雰囲気が漂った。
　筆者は「父親が頑張って子どもを登校させれば不登校は治る」と話した。父親は身を乗り出して聞いていた。しかし母親は、「紙おむつをしている状態では無理だ。お漏らしを治してからでないと登校させられない」と譲らない。筆者は父親に「帰宅途中で夜尿パッドとタオルケットを買って帰り、本日からH子らの紙おむつを取って寝かせてください。夜尿をしたら自分で洗濯するように洗濯機の使用方法を教えてください」と頼んだ。そして「君たちは赤ちゃんではないから、哺乳瓶も必要ない」と父親から話し、家事分担を示して役割を果たしたら年齢相応の小遣いを与えると宣言してください、とも話した。さらに「威厳をもってはっきりと宣告してください」と言った。父親は真剣な顔でメモをとっていた。
　父親は実行した。H子らはその晩から夜尿はしなくなり、日中の紙おむつの着用もしなくなった。父親は次々に子どもを登校させて、家に不登校の子はなくなった。報告した父親は意気揚々と相談室を後にした。
　残った母親に「さすがお父さんですね」と筆者が讃辞を述べると、「やり手で外面がいいが、冷たい人」と父親への不満を口にした。父親の父親（祖父）は1年前に愛人宅で腹上死した。祖父の死亡経緯は外部に伏せられて盛大な葬式が営まれた。祖母は一切を口外せず、無事に葬式をすませた。祖母は「浮気は男の甲斐性、一家を守るのが嫁の務め」と母親に述べ、「あんたはなんぼ産んでも女腹、長男の嫁としての責任を果たしていない」となじった。なじったときに父親はそばにいたのに、一言もかばおうとしなかった。「冷たい人だ」と母親は話して泣いた。
　「夫（父親）に不満を言いたいが、言ったら祖父と同じように愛人をつくるのではないかと不安になる。子どもが不登校や問題があるときは夫にすがり、相談することができるが、問題がなくなったら夫と話すことがない。夫の帰

りも遅くなる」と母親は言う。母親の孤独は底なしだった。父親は祖母の家で夕食をとり、母親の料理は口に合わないとして食べない。家は父親にとって寝るだけの場所で子らと遊ぶこともない、と母親は言う。

　母親はその後も、3人の子どもを学校に送り出してから、四女を抱いて会社の運転手が運転する車でテーマパークに通った。

●事例9：DV被害者の母親と極小低体重児I男の家族発達

　長男I男は出生時1キロ未満の極小低体重児として生まれた。妊娠7カ月末の早産だった。きっかけは妊娠に怒った父親が母親の腹を蹴ったためで、出血を伴う破水があり、救急車で運ばれ出産の措置がとられた。たまたま都内の優秀な産婦人科病院がそばにあったので、適切な対応でI男が生まれた。極小低体重児に見られる障害もなく、順調に育っていた。2年後に弟が生まれ両親は入籍することになった。

　I男が筆者の元を訪れたのは、小学2年になったとき教室で暴力事件を起こしたことがきっかけだった。I男は、小柄だが気性が荒かった。運動神経は抜群で徒競争のヒーローだった。しかし気に入らないことがあると相手かまわずつかみかかり、殴った。担任が注意してもI男の暴力はおさまらず、担任を足蹴りした。困り果てた担任が筆者の相談室を紹介した。母親はI男と弟を連れて筆者の相談室を訪れた。

　母親は大柄な美人で、I男の母親らしいたくましい印象がした。母親は、教室でI男が暴力をふるうのは父親の行為を見ているからだと述べた。父親は気にいらないことがあるとカッとなって、母親や子どもを殴る。母親は骨折で何度も病院に搬送された。先日は、父親の暴力から子を守ろうとして右腕が肩から抜けた。父親は母親の髪の毛をわしづかみにして振り回し、抵抗する母親の腹を蹴った。母親がI男たちを外に出そうともがいているときに、ポキッという音とともに腕が肩から抜けたという。

　父親のDVは容赦がなかった。しかし、それ以外では父親は子煩悩だった。暴力を恥じ決して二度と暴力をふるわないと母親に詫び、花束を買ってきた。父親は一流大学を卒業した一流企業の営業マンで、相当な年収もあった。父親は自分の両親から同じように殴られて育った。父親が家族から学んだ唯一の問題の解決方法が暴力だったのである。

母親は地方の出身で、高校を中退して上京した。実家は自営業をしていて、中学のときに父親から身体虐待と性虐待を受けた。母親の母親（祖母）はそれを知っていたが「あんたが悪い」とまだ中学生の娘（母親）を責めた。高校入学後、母親はアルバイトをして貯金し家出をした。高校2年の夏だった。そののちに今度は妹が父親（祖父）からの性虐待の被害者になり、精神科病院へ長期入院することになることを知る。母親の父親（祖父）に対する憎しみは深かった。

　17歳の娘（母親）が一人で東京で暮らすのは簡単なことではない。母親は繁華街で誘われるままにホステスの世界に入り込んでいった。もともと美人で大柄で会話の才覚もあったので、年齢をごまかしてホステスとして働いた。すぐに頭角を現し、店で一番のホステスになった。何年かのうちに東京でも指折りのクラブの接客係になった。そこで夫（父親）と知り合った。父親は会社の接待で店を利用していた。

　知り合った当時の父親は、配慮が行き届いた知性的で優しい人に見えた。しかし、妊娠がわかると母親の腹を蹴った。父親の会社内でも母親の妊娠が噂になり、2人目の妊娠でとうとう父親は結婚に踏み切るのだ。それは父親の本意とは言い難く、さらに父親の実家の反感を買うことにもなった。母親がホステスだったのが理由だった。母親は実家を捨てて上京していたので、2人の子の育児のすべては母親一人の肩にのしかかった。

　父親は結婚後も多忙で、深夜帰宅の状態が続き、育児には全く協力しなかった。母親はくたびれ果てて、父親の帰宅を待つことなく寝入ってしまうこともあった。父親は寝入った母親を足で蹴飛ばし、起きて食事を作れと命令した。母親が冷めた食事を出すとテーブルを蹴飛ばし、母親に殴りかかってきた。母親は実家の父親の暴力と虐待を思い出した。母親は、夫（父親）を包丁で刺し殺そうと何度も思ったという。

　夫を殺すか自分（母親）が自殺するかの瀬戸際の状態が続いていた。そのような生活のなかでI男が校内で暴力事件を起こした。母親は学校から呼ばれ、担任と校長らから家庭教育をしっかりするように言われた。母親は頭に血がのぼり、自宅に帰ってI男を大声で怒鳴りつけ叩いた。母親の声とI男の悲鳴があまりに大きかったので、警察官が駆けつけた。土足で入室した警察官の行為に母親はショックを受け、以後は窓を閉め切ってI男を登校させ

なくなった。

　Ｉ男は小柄で弟と体格が変わらなかった。Ｉ男は癇が強そうな表情をしていたが、弟は穏やかな表情をしていた。母親は弟がかわいいと述べ、同じことを教えても弟が先に覚えてしまいＩ男が遅れる、Ｉ男はカッとすると父親そっくりだ、と言う。

　筆者は管轄の警察官と産婦人科の医師、保健所保健師、学校関係者を集めた。警察官は「Ｉ男の家から折檻のような声と子どもの悲鳴が聞こえると通報があって、駆けつけると確かに大きな悲鳴が聞こえた。それで入室して子の無事を確かめたが、母親はひどく怒って「出ていけ」と怒鳴った」と述べた。産婦人科医師は「極小低体重児のＩ男の出産時のことをよく覚えていて、父親の暴力を心配していた。Ｉ男の脳波の検査をしていないので受診してほしい」と述べた。保健所の保健師は「定期健診はちゃんと受けていて問題は見当たらない。年齢に比して全体的に発達は遅いが、極小低体重児であったことを考えれば通常の範囲だ」と言う。学校関係者は「親役割をするようにと母親に話したばかりなのに、折檻するとは信じられない」と絶句した。

　次の週、「Ｉ男の発達の援助をするために医療機関のチェックを受けるように」と母親に頼んだ。母親はＩ男に脳波とＭＲＩの検査を受けさせた。結果、てんかん波が観察されること、発達にバラツキがあることがわかった。Ｉ男の長時間の学習が困難な点やキレやすい性格は発達障害からきたものと理解できた。個別指導時間を増やすことで学校関係者も協力することになった。また、保健所は母親の精神的な安定を確保する必要から定期的に訪問をおこない、ＤＶの激しいときに逃げる方法などとともに逃げる場所の連絡先を教えた。

　筆者も定期的に子らの療育プログラムをおこない、母親のカウンセリングを実施し生活の安定を図った。父親も来所した。スーツを着用した父親はどこから見てもエリートサラリーマンだった。父親は酔った状態で帰宅しない、酒を飲んだときはホテルに泊まると筆者に誓った。「母子らの苦しみはよくわかっている。自分が努力するしかない」と述べた。

　しばらく平和な時が過ぎた。そうしたある日、母親は緊急に面接を申し込んできた。赤あざを顔面と上腕と手の甲に作り、腰は殴打されて腫れ上がり椅子に座れない状態と泣いていた。父親が昨晩、酒を飲んで帰宅し母親に

襲いかかってきた。逃げる母親に食卓のイスを振りかざし殴りかかってきた。I男らを外に出し、自分は夜通し町をさまよった。いま、I男らは友達の家で寝かせてもらっている。命の危険を感じる、もう母子寮に入寮したい、と懇願した。母子相談員とともに母親は福祉事務所に行き、その日から母子寮（現・母子自立施設）に入寮することになった。I男が通う小学校も転校の手続きをとった。

　その後の母親との電話連絡の内容は、安心して生活できるのがうれしい、こんなに多くの人々が自分と同じ経験をしたのかと驚いている、いま安らぎを得ている、ということだった。I男の療育は所属する地域の福祉センターに継続してもらうよう要請した。面接は終結し、そして何カ月か経過した。

　ところが、母親は元のマンションに戻っていた。母親は来所して「母子寮の生活は安全で慰められた。だけど自由になるお金がない。生活に自由がない。夫との生活は危険だけどお金が十分にあり、自由がある。夫はI男らの父親でもある。父親はめったに子らに暴力はふるわないから、私さえ暴力に耐えていればいい」と言う。

　母親は「父親が転校先の小学校を訪ねてI男らに会い、私も一緒に外食をした。父親は二度と暴力はふるわないと子らの前で誓った。父親は家庭がなくなったら自殺するしかないと泣いた。そんな夫を見捨てることはできない。夫を信じているわけではない。同じことが繰り返されることを知っている。夫からは何度も裏切られた。だけど自分には帰る家がない、こんな家でも私の家、そして唯一の家庭だ」と母親は言う。筆者らの反対の声は母親に聞き入れられなかった。

●事例10：J子姉妹の緘黙と父親のアルコール依存症と母親の売春

　J子と双子の妹の母親は若年妊娠で20歳前に出産した。出産と同時に両親は入籍した。高校の同級生で、2人とも高校を中退し、父親は建設関係、母親は飲食業に就いた。祖父母も近所に住んでいる。J子と妹は場面緘黙で、小学校の就学相談で学校から依頼されて筆者の元を訪れた。保育所では2人では話すが、ほかの園児や保育士とは話さない。母親はパートで飲食業の手伝いをしながら子育てをしていた。美人で色っぽい感じがする母親と、痩せ型でニヒルな感じの父親の組み合わせだった。

発達の検査をすると、J子も妹も言葉を発しないので検査ができない。しかし画用紙にクレヨンで描く内容は正しく物事を認識しており、発達は年齢相応と判断できた。2人の体格も年齢相応で賢そうな表情をしていた。
　母親は、「不況の影響で父親の仕事が減って、朝から酒を飲んでいる日が増えている。父親は1年前にアルコール性肝炎で3カ月入院した。入院は3回目で、飲酒をやめないと本当に死ぬと医者から言われている。それでも朝から浴びるように酒を飲む」と言う。
　母親は酒を見つけるとトイレに流し、ビンはゴミ置き場に捨てに行く。父親は料理酒まで飲むのでベランダの植木鉢のなかに隠す。それでも見つけて飲んでしまう。母親がパートで稼いだ金も取り上げ、酒代につぎ込む。2人の子の食事代にも事欠き、ファストフードになる。毎日同じファストフードのときもある。父親は数カ所の病院から精神安定剤をもらい、溜めておいて一度にアルコールとともに飲む。道端で寝込んで警察署で保護され、母親が引き取りに行くこともたびたびある、ということだった。
　母親の話を聞きながらJ子と妹は画用紙に絵を描く。チューリップが咲く野原に家族がピクニックに行く絵だ。母親に「ピクニックに行ったことがあるのですか？」と聞くと、母親は「一度だけ、都内の公園に」と述べ、「もう昔のことです」と話した。姉妹に家族の夕食の絵を描いてもらった。テレビの前のキッチンのテーブルにハンバーガーとポテトとコーラを並べて2人で食べる絵を描いた。そこに母親の姿がなかった。母親はたまたま席を外している、と述べた。
　J子と妹は面接室で全く話さなかった。それで筆者らは外在化処方を用いて緘黙の治療をすることにした。2人の喉に詰まって話させない虫に名前をつけてそれを2人が退治するストーリーを作る、という展開だ。2人は喉に住みつく虫を「えへん虫」と名づけ、「えへん虫は100匹いる」と画用紙に描いた。筆者らは「毎回、面接室で虫退治をすれば、10回でえへん虫は消えてお話ができるね」と話した。
　何回か母子の面接を重ねたある日、母親は子らが別室に移ってからその日の早朝の出来事を話しだした。早朝、母親は玄関で父親が多量の嘔吐物のなかに倒れているのを発見した。救急車を呼んで病院に搬送した。意識がなかった。父親は病院で意識を回復したが、重症の肝炎を発病していた。肝硬変

から肝がんに移行するかもしれないと医師から告げられた。今回の入院は長期になる、いつ急変するかもしれない、親族の方も覚悟を決めてほしいと医師は述べた、という。

　母親は父親の両親（祖父母）の元を訪ねた。祖父母は、「とっくに親子の縁を切っている」として治療費の負担は一切しないと冷たく述べた。母方の祖父は死亡していたが、祖母が生活保護を受けて一人でアパート生活をしていた。祖母は、「父親の治療費を捻出する余裕はないが、2人の子の面倒を見るから」と協力を申し出た。母親は昼のパート以外にも夜の仕事をすることになった。しばらくして昼のパートをやめ、夜の仕事一本にした。昼は父親の看病や子の世話があるという名目だった。

　小学校に入学したJ子ら姉妹は学校の配慮から別々のクラスになった。妹は入学を機にクラスの友達と話をするようになった。しかし、姉のJ子は頑なに緘黙を守り、担任とも話をしなかった。その当時は祖母がJ子姉妹を相談室まで連れてきていた。祖母は、母親が昼も夜も働いて治療代を稼いでいると述べた。また、生活保護を受給しながら生活する祖母のようにはなりたくないと母親が述べている、と話した。

　J子の担任が訪ねてきた。いまだに姉のJ子が頑なに話をしない。給食も食べない日があり、このままだと不登校になってしまう、と担任は心配した。確かにJ子の状態が心配だ。外在化処方も「えへん虫」が退治できてから、妹は積極的に話をしていたが、J子は首を振るだけで声を発しなかった。母親を呼んだ。

　しばらくぶりで訪れた母親の変化を例えれば何になるだろうか。筆者は言葉を失った。母親は、「父親の治療費を捻出するために手段を選ばずに金を稼いでいる。昼も夜も体を売ってボロボロ。それでも医療費に不足する。夫は肝硬変でいつ急変するかわからない。どす黒くなって骨と皮で、見る影もない」と言う。筆者が「生活保護を受給すれば医療費も出る」と述べても母親は端から否定し、「一度保護を受けたらおしまい。祖母のようになってしまう。生活保護を受けた家族の子のみじめさを2人の子に経験させたくない。それに生活保護では高額医療が受けられない」と言う。

「そもそも売春は結婚した後もしていて、それが父親のアルコール依存を誘い、2人の子の緘黙につながっている。売春も病気。父親のアルコール依存

と同じ病気。治そうと思っても治らない。死ぬまで治らない」と母親は言う。「それでも2人の子は自分の稼ぎで育ててみせる」と立ち上がった。目から涙がこぼれ落ちそうだった。筆者は母親に、「J子が登校しなくなったら放置しないですぐに相談に来てください」と告げた。母親は背筋を伸ばして面接室から出ていった。父親はほどなく死亡したことを担任から知らされた。

●事例11：中学3年K子の自殺企図と夫婦の危機

　ある日の午後、母親が予約もなしに突然に面接を申し込んできた。緊急だという。着座するなり母親は、「中学3年のK子が学校のトイレのなかで縄跳び用のロープをフックにかけ首を吊った。未遂に終わっていまは保健室で寝ている。学校側はK子を引き取ってくれという。どうしたらいいか」と言う。「K子は安定剤を飲んで寝ているが、保健室に保護されるまでの間は半狂乱で「死にたい」と叫び、養護教諭らは病院に入院させないと危ない、いつまた自殺企図をするか危険だと言っている。すぐに入院できる病院はないか」と言う。筆者は知り合いの精神科医に入院を受け入れてもらった。

　次の日に訪れたK子の担任は、有名私立中学校の名刺を差し出しながら「K子は成績の急落を苦にして自殺を図ったのではないか」と言う。「中学では高校進学をめぐって熾烈な争いが発生していて、特進組のなかから上位3人までが高校入学時の入学金が無料になる仕組みがある。それを目指して熾烈な競争が発生している」という。「どの生徒の家庭も裕福で入学金が問題ではなく、上位3位に入るかが問題。しかし本当はそのように競わせる教育のあり方が問題なのです」と担任は言う。

　担任は1年前まで心の病で休職していて、最近復帰したばかりだという。その有名私立中学は、筆者が臨床を始めたころから何度か生徒の問題を対処したことがあった。過激な競争原理を用いて生徒の可能性を引き出し、御三家と呼ばれる高校に大量に入学させてきた。競争に勝ち進んで成功を手に入れる生徒はいいが、途中で脱落する生徒はみじめな思いをする。K子の担任は「このような事件を起こして学校は迷惑をした。K子の親にそのうちに言い渡すが、転校をしてほしい」と述べた。昨日の今日だから、筆者も担任の申し出に戸惑い、その冷たい態度に背筋が凍る思いがした。

　K子の母親が訪ねてきた。「昨日の晩は病院に付き添い眠れなかった。な

んで自殺などを考えたのか、自分が子育てを間違ったか、と何度も自問した。完璧な子育てと完璧な親業をしてきたつもりが、こんな結果になって大変に残念だ」と言う。母親はキャリアウーマンらしく理路整然と話をする。すらりとした背丈で面長な美人。英語が堪能で外資系の企業で働いていた。父親は高度専門職で、一家は裕福だった。

　緊急に訪れた父親は大層ショックを受けていた。高度専門職に就いているだけあって温厚そうな風貌をしていた。母親とは対照的だった。父親は「K子は目に入れても痛くないという表現がぴったりなほどかわいい。その日も出かける前に頬にチューをして別れた。それなのに自殺企図をするとは信じられない」とショックを隠さない。

　K子が入院している精神科の医師と学級担任と母親との合同の面会をした。精神科医師は「思春期の女子に特有な精神状況と受験の緊張のほかにもK子固有の特徴が感じられる。家族療法が必要で、親子関係の修復も必要」と述べた。担任は「中学3年の期末ということもあるので、卒業はできるが、付属の高校進学は難しい、高校は別のところに行ってほしい」と述べた。母親は「K子は特進のコースにいてそれまで3位以下になったことがない、それを1回の自殺未遂事件で切り捨てるのか」と憤った。

　筆者は病室のK子に面会をした。K子は父親に似ていた。ほほ笑みながら挨拶をするが、視点が定まらず心もとない感じがした。首筋の紫色をした擦傷痕が痛々しかった。担任から預かった同級生の寄せ書きを渡すと、目をきらりと輝かせた。K子は「早く戻りたい」とぽつりと語った。母親は涙を隠して病室から抜け出した。

　K子の入院は1年以上も必要だった。症状が落ち着いても、病院を離脱して行方不明になって、翌日保護されたりした。安定したと周囲が安心するとカッターナイフでカーテンを切り裂いた。さらに隠し持っていた剃刀で手首を切り、血をほかの患者に見せるなどの行為があった。両親はそのつど病院から呼ばれて、ほかの病院に転院するように促された。

　偶然にも、K子の中学校の付属高校に通うL男の自殺企図の相談が筆者の相談室に持ち込まれていた。L男は成績が急落したことを知った夜に家出して、河原を歩いているときに警邏中の警察官に保護された。L男は遺書を用意して、死に場所を探して数キロを歩いた。L男が抱いた絶望とはいったい

何なのか。それはK子の絶望と同じなのだろうか。

　両親は堅い職業に就き、家庭も裕福だった。L男と弟も勉強ができて、地元では有名だった。そのL男が、成績が少し落ちただけで遺書を書き、死に場所を求めて夜通し徒歩で移動した。両親は「たかが成績の急落だけで」と首をひねった。母親は「勉強を強要することはなかった。L男は自発的に勉強していた。成績が落ちても叱ることもなかった」と強調した。

　父親は、「L男と友達同士みたいに何でも相談に乗っていた。死ぬほど悩んでいたならば自分にまず相談するはず。学校で何かあったのではないか」と担任に詰め寄った。担任はK子の元担任だった。法人内移動で中学から高校の教諭になっていた。担任は言葉を失い力なくうなだれていた。その後担任は心の病を再発させて入院した。L男も入院した。K子と同じ病院だ。両者は互いを知らない。

　筆者らは考えた。K子とL男にはいくつか共通する生活環境が観察される。同じ法人内の同じ担任であることはもとより、両者とも裕福で高学歴であること、家庭がしっかりしていること、長子であること、親の言外の期待、優秀な第2子がいること、そして父親の存在だ。両者とも父親が親としてというよりも友達として機能しており、同級生との関係よりも父親と強い絆で結ばれていたことが特徴である。

　両者の父親にも似た傾向があった。高学歴でエリートだったが、管理職昇格を前に壁にぶち当たっていた。同期生のなかに管理職に抜擢される者も出てきていたが、両者の父親は対象から外されていた。父親たちが初めて味わう屈辱だ。そしてその分、父親は子らに期待をかけて将来を託した。自分の無念を晴らしてくれと。期待は母親に内緒にされ、父子だけの秘密だった。母親は父子の関係に入り込めなかった。そのために、母親からの保護と監視が十分に行き渡らなかった。特にK子の場合は異性の親子関係だっただけに、問題は複雑だった。

　そうした関係性が明らかになるにしたがって、徐々に家族関係は修復されていった。両親が夫婦として新たなスタートをきるようになるまでに2年以上の歳月が必要だった。K子とL男は互いを知ることもなく、1年間の入院と1年間の通院を通して社会復帰を果たしていった。K子とL男の将来に向かって家族の歩みはまだ続く。

●事例12：M子の自己決定権・性転換手術

　ある日の昼下がり、M子はふらりと相談室を1人で訪れた。「相談したいことがあるのですが」。高校2年生だという。中肉中背でショートカットのすがすがしい少女だった。「どうしましたか?」と筆者が聞くと、「進路のことで悩んでいる」と言う。高校2年であれば将来的な展望が必要になる。「進学か就職かで悩んでいるの?」と聞くと首を傾げ、「そうではない」と言う。ひとまず相談室に案内して話を聞くことにした。

　M子は筆者の顔を眺めていたが、おもむろに「性転換手術をしようと思う。それには200万円以上かかる。そのお金を貯金するために働く。だから就職をする」と一気に述べた。筆者が言葉を失っていると、「性転換手術の専門医を訪ねた。未成年だとお金があっても手術はできない。両親を連れてきなさいと言われた。両親に話をしたらポカンとした後に、母親は泣きだし、父親は怒りだし、性転換手術なんて絶対だめ、病院にも行かない、と言われた。性転換手術まで何年間か男性ホルモンを注射して体を慣らしていく。そのために両親の許可がないと注射も打ってもらえない。注射代は自分がバイトして支払うから両親に迷惑をかけない、と言っても両親は納得しない。金の問題ではないと全く聞く耳をもたない」と言うが、泣いてはいなかった。

　「恋人がいる。自分の体が女性であることが苛立たしい。乳房や女性性器や生理があることが許し難い。恋人は自分のことを理解してくれている。性転換手術をして男性として戸籍を書き直し恋人と結婚することが夢」という。「いずれ大学を出て立派な家庭を築き、恋人を幸せにしてあげたい」という。恋人は同級生だった。

　「いつごろから自分の性の不一致を感じたの?」という筆者の質問に、M子は「ずっと前」と答えた。「自分は男だと思っていた。兄弟の真ん中で兄弟と遊んでいるときがいちばん幸せで楽しかった。お人形とかおままごとに全く興味がなく、キャッチボールとかサッカーをしているときや怪獣のフィギュアを集めて戦争ごっこをしている方が楽しかった」と述べ、「なんで自分が女性用のトイレに入るのか納得できなかった」と言う。

　さらにM子は語った。「いちばんにつらいことは集団の健康診断。女子と男子に分けられる。私は女子ではないし、さらしを巻いて胸のふくらみを隠

しているのを知られるのが怖い。それと体育の授業前の着替え。女子の着替え室に入るのは痴漢行為と同じで罪を感じる」と言う。次にM子は学生証を出して、氏名の横の欄に性別「女」と書かれていることに納得ができないと指差した。性別は自分が選ぶ権利があるのではないか、どのように生きるのか自分に選ぶ権利があるのではないか、と言う。

　筆者は「性同一性障害の人の面接はしたことがあるが成人だった。未成年は初めてで、正直いうと戸惑っている。学校生活で困っていることなどがあれば学校と調整する。また性転換手術に関して保護者の理解を得る手伝いをすることはできると思う」と述べた。M子は「学生証の性別の欄の「女」を消してほしい。着替えは保健室を利用できるようにしてほしい。トイレは障害者用トイレを使用できるようにしてほしい」と具体的に述べた。

　高校の教頭・養護教諭・担任が訪れた。筆者の話に3人はポカンと口を開け言葉にならない。しかし1時間の説明で、学生証の再発行と保健室での着替えと障害者用トイレの使用を約束した。教員たちはしみじみと「時代が変わったとしか言いようがない。まさかとしか言いようがない。でも対応していくしかない」と口々に述べた。

　母親が飛び込んできた。髪を振り乱して取り乱していた。「無理もありません。お嬢さんだと思って育ててきて、男性になるための性転換手術をしたいと言われたら、親として冷静でいられない」と筆者が言うと、むせび泣きながら「信じられない、許せない」と絞り出すように話した。母親は「M子の話を聞いた後、父親からお前の育て方が悪かったからこうなったと責められた。自分の育て方のどこがまずくってこういう結果になったのかと悩み、苦しみました」と大声で泣いた。

「お父さんが理解するには時間が必要でしょうが、お母さんは部分としてでも理解してあげてほしい。M子さんは生き続けたいと思っている。お母さんからもらった命をM子さんらしく花咲かせたいと思っている。その咲かせ方がお母さんのイメージとは違うだけ。M子さんの存在そのものを否定しないで。性の問題はM子さんの一部で全部ではない。全部を否定したらM子さんは生きていけない。自殺してしまうかもしれない」と筆者が話すと母親はハッとした表情をして筆者を見た。

　筆者は母親の瞳を見ながら話した。「M子さんの鼻の下や腕に剛毛が生え

始めていた。どこかで男性ホルモンを打ってもらっているのではないの？と聞くとM子さんは闇で注射をしてもらっていると述べた。その地域は通常の人は近づかない場所で、一般的に危険地域と呼ばれている。親に内緒で医者でもない人からホルモン注射を打ってもらうのを放置できない。そうでしょ？」と母親に聞いた。母親は「ええ」と答えながら帰り支度を始めた。母親は駆け足で出ていった。

のちの母親からの電話では、「成人に達してM子の気持ちが変わらなかったら性転換手術を検討しようということになった。M子の名前から「子」をとることにした。そうすれば男女どちらにも使用できるから。氏名を変更する手続きって大変でした。父親はまだ納得していませんが、M子には生き続けてほしいと思うので」と言う。

＊

12事例を見ても学校現場で出合う問題は多様だ。不登校を代表としていじめの問題、知的・発達障害や校内暴力問題、児童期から青年期にかけての自殺とメンタルヘルスの問題、場面緘黙、遺尿、拒食症、リストカット、ネグレクトや性虐待、性の同一性の問題など、多種多様問題がある。一方、保護者側の問題を見ると障害受容、精神障害、療育拒否、拒食症、離婚、家族崩壊、多重債務、経済破綻、DV、蒸発、リストカット、薬物などの依存、知的発達障害、自殺、自己存在の希薄、抑うつなどと児童・生徒の問題以上の複雑さと深刻さが観察される。次に再度12事例を振り返り、社会的対応を検討したい。

2 事例の振り返り

ここでは12事例を振り返って、社会的な対応を検討する。

●事例1：3番目の妹は21番トリソミー

中1男子A男はいじめから不登校になって2カ月で筆者の元を訪れた。妹

たちも不登校の傾向を強めてきた。学校関係者の話では、A男と妹2人は学業が境界線レベルだという。父親はA男と妹を再登校させた。しかし1カ月後に再び不登校になる。両親はここに至って、3番目の妹のダウン症を隠し通せないと悟る。福祉センターの療育プログラムが開始され、保健所の健診と予防接種などの計画が作成されて保育所が障害児枠で入所を認めた。両親は、A男と妹らを特殊学級（現・特別支援学級）が併設された小・中学校に転校させる決意をする。福祉サービスと地域保健サービスと教育システムの協働の好例である。

●事例2：家庭内暴力と不登校を主訴とするB子と弟の親権争い

　小学校3年生のB子と弟は、両親の離婚の抗争に巻き込まれて生活不安のなかで暮らしていた。両親の抗争は、両家の跡取りである弟の親権をめぐってだった。母親は精神不安からリストカットをしていた。祖母は慢性の統合失調症で、妄想や幻聴があった。母親と同じ年の異母兄弟が、母親の実家の家業の跡継ぎを狙っていた。母親は自己存在を脅かされていた。母親の苦しみを理解していたB子は、家庭内暴力と不登校で家族の問題の社会化をおこなった。父親はアパートを借りて自立する母親を支えた。B子と弟は登校を開始した。拡大家族に翻弄される核家族を支える仕組みとしての社会福祉サービスのあり方を考えた一例である。

●事例3：黒いビニール袋を重ね着したC子と弟の苦悩

　C子と弟と母親の3人は2日前にマンションを出て公園に2泊し、食事も1日半食べていなかった。マンションで火災を起こしての夜逃げだった。緊急に母子相談員と福祉事務所のワーカーを呼び寄せて、母子自立支援施設を手配して食事と着衣を用意した。また在籍する学校と連絡をとり、C子と弟の経過を把握した。母親は以前から統合失調症で治療を受けていたが、貧困から治療を中断していたことがわかった。母親の入院の手配と子らに児童養護施設を斡旋して、C子と弟が同じ施設に入所できるように調整した。精神障害者の単親家庭と地域のセーフティネットとしての多機関連携を考える一例である。

●事例4：D子の父親の多重債務と自殺企図

　D子の父親は多重債務から3カ所の職場を追われた。借金はギャンブル依存症から発した。D子と母親は住居を追われ、学舎を去り、慣れ親しんだ地域からも離れなければならなくなった。D子にしてみれば父親失踪というショックだけでなく自己存在の危機にあった。母親もD子を守れなかったことによる自己同一性の危機に強い抑うつを呈するようになった。学校・児童相談所・福祉事務所が懸命にD子らを支えたが、父親の再度の債務と遺書に打ちのめされてしまう。多重債務とギャンブル依存症者の父親に翻弄されて心の病に陥る母子の姿から、職場と家庭と教育のメンタルヘルスの連携のあり方を考えた一例である。

●事例5：E子と2人の弟の障害児認定と生活保護の不正受給

　母親は19歳のときにE子を妊娠し、その後も次々に子をつくった。父親違いの子を3人もつ。母親は、3人の子を重度の知的障害児として認定してほしいと訪れた。検査の結果、3人に障害は認められなかった。すると母親は、妹の子を引き取るので養育者として認定して特別児童扶養手当を支給してほしい、という。E子の母親は病弱で、祖母は高齢で生活保護世帯だ、という。実際は母親がパチンコ依存症で、祖母は朝から清掃の仕事に従事して稼いでいた。E子は弟たちの面倒を見るために不登校をしていたのである。生活保護の支給のあり方と、不登校の陰に隠れたネグレクトへの対応として福祉と教育の連携上の課題が提示された。

●事例6：F子の姉の性虐待と母親の精神障害の関係

　F子と家族は6畳2間のアパートに住む。F子と姉は不登校になって3年以上になる。2人とも場面緘黙だ。F子と母親は拒食症傾向で、食が極端に細い。父親はぽっちゃりした姉と寝て、F子と母親は隣の部屋で寝る。夜になるとF子の姉が泣きだし、母親は風呂場で絶叫する。警察が訪ねてきたこともある。姉は父親からの性虐待の被害者で、母親は必死に助けを求めていたと思われるも、一切は家族の秘密とされた。児童相談所・民生委員・学校関係者・警察署と福祉機関は会議を開いてF子らを保護しようとした。しかし、

一家は夜逃げして行方をくらませた。性虐待の対応方法上と地域・学校精神保健の協働上の課題が残った。

●事例7：脳炎の後遺症で障害児になったG子と家族の崩壊

40度の熱を出して意識が混濁したにもかかわらず、G子は2日間放置されたため重い知的障害が残った。家族は障害を負ったG子を受け入れることができなかった。自宅での教育訓練法を開始し、両親は家庭教育に活路を見出そうとした。結果、父親はG子と危険な関係に陥り、母親は買い物依存症になって多額の借金を作った。両親は離婚し、父親はG子を引き取った後にうつ病を発症してがんで入院した。G子は児童養護施設に入って養護学校（現・特別支援学校中等部）に通うことになった。発病から1年半後の家族崩壊だ。この事例からは中途障害と障害受容、家庭教育と両親の役割、依存症と家族の崩壊という重い課題が提示された。

●事例8：H子を含む3人の「ムーニーマン」と母親の孤独

小学校6年のH子と3年と1年の妹たちは全員が紙おむつ着用であった。学校で「臭い」と言われて不登校になっていた。3人は4番目の妹が生まれてから哺乳瓶でミルクを飲み、紙おむつをして寝た。母親は4人の育児に疲れ果て、日中はテーマパークへ連れて行って終日過ごした。そのような生活が数ヵ月続き、H子らはその生活にも飽きた。母親は途方にくれた。父親は、大学病院で「そっとして」「そのうち治る」と言われたことで子への関わりを避けた。医療機関が関わりながらも適切な対応がなされずに、半年が経過した。医療機関と地域精神保健と学校の連携のあり方の示唆に富む一例である。

●事例9：DV被害者の母親と極小低体重児I男の家族発達

母親は中学生のころに父親（祖父）から性虐待を受けたが、母親（祖母）におまえが悪いと罵られた。母親は家出してホステスになった。そしてI男を身ごもった。父親は予定外の妊娠に激怒し、母親の腹を蹴飛ばした。このためI男は妊娠7ヵ月の早産で生まれ、極小低体重児だった。しばらくして父親からDVが発現する。父親も虐待のなかで育っていた。父親の暴力は容

赦がなかった。母親は2人の子と母子自立支援施設に入所した。だが、児童相談所・福祉事務所・学校・医療機関などの多様な支えがあったにもかかわらず、母親は父親との生活を再開した。DVの支援の難しさと家族発達について考えさせられる事例である。

●事例10：J子姉妹の緘黙と父親のアルコール依存症と母親の売春

　J子姉妹は小学校入学を前に福祉機関を訪れた。入学時健診を受けたが場面緘黙なので、相談機関で発達の検査をしてほしいという。J子姉妹は双子で、2人とも場面緘黙だった。父親はアルコール依存症で肝機能障害が深刻だった。母親は家計の維持に必死だった。多額の医療費がかかり、母親は売春をするに至った。筆者らは、生活保護を申請して医療扶助を受けるように提案したが、母親は忌避し、みじめな思いを子らにさせたくないと拒んだ。高額医療費の問題と生活保護を受給する側がもつ偏見や差別意識というテーマと、売春という性依存症とアルコール依存という重いテーマが事例から提示された。

●事例11：中学3年K子の自殺企図と夫婦の危機

　K子は高校進学を前にして、校舎内のトイレのフックにロープをかけて自殺を図った。幸い未遂だったが、1年間の入院と1年間の通院を余儀なくされた。K子の担任は法人内移動で高校の教師になっていた。高校でL男の担任になった。L男は成績急落で遺書を書き、河原を歩いているときに保護された。両者に共通に見られたことは、K子とL男の自己存在の薄さだ。それは全く同様に父親にも観察された。競争社会に疲弊する一人の人間としての父親の存在が危機的になっている。担任もその後うつ病で入院した。青少年の自殺の背景にある大人社会の自己存在の危機的状況が提示されている。

●事例12：M子の自己決定権・性転換手術

「相談したいことがある」と高2のM子は訪れた。成人になったら性転換手術を受けたいので、体を慣らすために男性ホルモンの注射を受けたいが、了解をとる必要から親に話したら反対された、という。すでに闇でホルモン注射を受けていた。両親は驚き、M子の話を聞くことさえ拒否した。M子は

性の属性を自分で決める選択権を主張した。筆者らは学校の協力を取り付け、学生証やトイレや着替え室などに配慮を求めた。母親は成人に達してもM子の意思が変わらないのなら性転換手術を検討すると約束した。性の属性の自己選択権とアイデンティティ（自己同一性）の問題という重大なテーマが提示された。

3　12事例から見る社会的対応の課題

　12事例の対応を振り返って理解できることは、それぞれが多様な社会資源との関連のもとで支援を展開しているということである。学校内の担任や養護教諭などの教職員との協働だけでなく、児童相談所や社会福祉事務所、保健所、病院などの医療機関、民生委員・警察署などの多機関との連携で支援している。12事例はスクールソーシャルワーカーという立場で筆者が支援した事例ではないが、ソーシャルワークの視点を重視して関わっている。
　ちなみに12事例は、スクールカウンセラーが配置された小・中学校の事例である。親の問題や生活に関する問題がからんだ事例は、学校から筆者の所属する福祉機関に送られてくる。当時はスクールカウンセラーが常勤でなく、週に何日か訪問して子の心のケアにあたっていた。主にいじめられたと訴える子や集団生活にストレスを感じる子らの対応をしていた。また身分も年契約だったために、相談期間も限定されていた。
　子の心理的側面の援助に限定されたスクールカウンセラーの業務内容だったので、複雑で長期に関わる必要がある事例で家族や地域の解決資源が必要と学校が判断したときに、筆者らが勤務する福祉機関に相談が送られてきた。また、M子の事例を代表とする親や子が学校で相談できない内容や、スクールカウンセラーに相談できないと当人が判断したとき、筆者らの福祉機関に相談を持ち込んでくる。
　その傾向は、ソーシャルワーカーとカウンセラーに対する期待の差と表現できるだろう。つまり、社会福祉職と心理職の役割への期待の差である。生活全般にアクティブに介入する福祉職と個人的心理的にサポートする心理職というイメージが一般的に普及しているが、しかしながら実際は両者の仕事

表1　主訴・症状・問題の構図

主訴	症状	問題
どこに相談するかによって症状問題の中から選ばれる	①社会生活上の困難 ②家庭生活上の困難 ③健康生活上の困難	①子どもの問題 ②家族・両親の問題 ③未解決な個人の問題

に線引きはない。主訴をどこに誰に持ち込むか選択する当事者の判断には状況依存的な要素が大きいので、専門機関として独立している福祉・医療・教育の機関に問題が持ち込まれることが多いだけのことだ。そこに心理的支援のニーズが反映されているわけではない。まずは主訴・症状・問題の構図から考えてみよう。

(1) 主訴・症状・問題の構図

　表1は主訴・症状・問題を類型化したものだ。いうまでもなく、支援が開始されるためには当事者が問題と感じて当該機関に訴え出る行為がまず必要だ。そのとき当事者は何が問題で何が症状なのかではなく、どこで、誰に相談できるかを考える。

　学校関係の問題であれば、多くは親が担任・養護教諭・スクールカウンセラーに相談する。担任・養護教諭・スクールカウンセラーは会議にかけて校長などからの指示を待つか、緊急を要するときは直接に校長の判断を聞きに行く。いずれにしても、学校で生じた問題は校長の判断でどこに相談するか決まる。どこに相談するかで主訴が決まるのだ。表1に即して説明しよう。「主訴」とは症状のうちの一つで、相談する先によって決まってくる。12事例の多くは、①の社会生活上の問題である不登校という主訴から筆者の所属していた福祉・教育の公的機関が選ばれている。12事例のなかのM子とK子の事例を除いて、主訴は不登校である。それは学校からの紹介という機関の性格からしても説明できるが、例えば病院などであれば当然に③の健康生活上の困難が主訴として選ばれて当事者は相談に訪れる。

　次に「症状」とは、①社会生活上の困難、②家庭生活上の困難、③健康生活上の困難の3種類で、3種類ともに観察されるA男・B子・C子などの事例のような場合と、②の家庭生活上の困難が主たる症状の3人の子が全員紙おむつを使用していたH子の場合や、①の社会生活上の困難であっても自

己同一性の問題というM子の場合などがある。しかし一般的に症状は複数にまたがっており、さらに時間の経過で移動することもよくある。

「問題」は大きくは、①子どもの問題、②家族・両親の問題、③未解決な個人の問題に分けられる。例えばA男の場合、不登校という主訴で来所したが、妹2人も学力の境界線児で進路変更を検討する必要があったし、3番目の妹の障害受容という大きな問題もあった。しかし両親は祖父母や親戚の手前、子らの障害を公言できずにいた。そのような折に再びA男が不登校になり、追い詰められた両親は妹の障害を公言し、受容し、療育を開始したのだ。

その後、しばらくして父親は葛藤の末に手に入れた家族の幸せを報告しにきた。父親がたどった問題解決の道は、①子どもの問題、②家族・両親の問題、③未解決な個人の問題、である。父親の個人的な未解決の問題とは、入り婿としての責任を果たせなかった自分を許せなかった、ということである。父親は長い苦しみの時間を経験したと思われるが、父親を救ったのは4番目の子の笑顔だ。そして気づけば子らは登校を続けていた。

そうした問題解決のプロセスはほかの事例でも共通だが、道筋は個々に異なる。次に主訴・症状・問題がどのような道筋をたどるか、A男の事例から詳しく検討してみよう。

(2) 主訴・症状・問題と解決の道筋

解決の道筋をA男の事例で見ると、当初は主訴と症状と問題はすべてイコールでつながっていた。主訴は「A男の不登校」で、症状は「A男がいじめられている」で、問題は「学校とA男」にあり、解決は「A男の登校」だった。筆者らは三女の存在がA家の問題解決の重要なカギを握っているのを知るが、A家がその問題に直面する準備ができていないことも知る。そして時を待つのだ。これは面接の第1段階だ。

A男は1ヵ月後に再び不登校になる。ここに至って、家族は三女の障害を公言し受容しなくてはならないことを知る。主訴も症状ももはや存在せず、A家の未解決な問題が問題として浮上し、解決へ向けて家族が動きだす瞬間だ。これが面接の第2段階である。

そして三女の療育が開始され、両親はゆとりを取り戻して、A男と妹2人の進路を変更する。これは面接の第3段階で、両親による問題解決を意味す

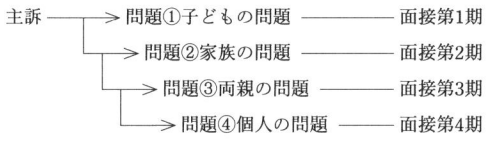

```
主訴 ─┬─→ 問題①子どもの問題 ──── 面接第1期
      ├─→ 問題②家族の問題 ───── 面接第2期
      ├─→ 問題③両親の問題 ───── 面接第3期
      └─→ 問題④個人の問題 ───── 面接第4期
```

図1　主訴・症状・問題と解決の道筋

る。

　さらに時間が経過して、父親の婿養子としての罪障感は三女の成長と家族の笑顔で消えていく。これが面接の第4段階で、残された個人の問題の解決を意味する。

　図1は問題が解決するまでを時系列で表したものである。主訴という入り口から面接第4期の個人の問題解決までを可視化している。図からもわかるように、主訴は問題の入り口で、出口は個人の未解決な問題の解決である。症状は問題を橋渡しする役割をもつ。A家の場合だけでなく、主訴・不登校という入り口で多様な症状を扱い、最終的に個人の問題の解決を目指す。12事例を見ても愛と憎しみ、生と死、成長と老い、善と悪、孤独と喧噪、自殺しようとする者と売春してでも自分らしく生きようとする者、そして見捨てる家族と救う家族など、現在の多様化した社会を背景に学校をめぐる問題は多様な精神保健福祉学的な問題を基礎に構成されている。

　それでは現代の学校の精神保健福祉学上の問題を以下の3点から概観しよう。小・中学校の学校現場で扱う問題は大きく分けて、①学校独自の問題、②現代の家族の問題、③現代の学童期・思春期の問題、がある。まず、現代の学校独自の問題を精神保健学的な観点から概観しよう。

4　学校の精神保健上の問題

　この節では、①不登校、②校内暴力、③いじめ、④引きこもり、⑤商業的性的搾取、を取り上げ、現代の学校をめぐる独自の問題を概観する。学校教育の精神保健上の問題は、ここ20年でますます解決が困難になってきているといわれる。学校をめぐる問題は近年大きく様変わりしているのである。したがって、実態に即した援助方法が検討されなければならない。

不登校は過去の問題だといわれる。しかし教師に聞くと、不登校は決して過去の問題ではなく、ますます解決が困難な事例が増えて、学校は対応に疲弊しきっている。不登校の便乗組の発生や保健室・相談室登校の増加など、教育現場では対応が困難な児童・生徒が増えている。その一方で、学級崩壊をもたらす校内暴力事件の頻度も相変わらずの水準を維持している。また、減少傾向にあるいじめ問題も深刻な社会問題の背景になっている。さらに、携帯電話などの新しい通信手段を用いた商業的性的搾取の問題も多発している。現在、学校教育現場はかつてない危機にあるといえるだろう。

　以前は、不登校などの学校不適応は現代の教育のひずみや社会のゆがみが原因で発生する制度の問題と捉えられていた。いじめられる子は素直ないい子で、現代の教育システムの犠牲者だと思われていた。だからそれらの子らには優しく接し、保健室や相談室の利用を勧め、回復を待つというのが一般的な対処方法だった。12事例のなかでいうと、3人姉妹の紙オムツの長女H子のように、である。

　一方で校内暴力事件やいじめ事件を起こすような児童・生徒は、道徳やしつけで家庭教育が不適切であり、教育を乱す加害者だと思われた。その認識は現在、社会や教育現場に残っているといえるだろう。12事例でいえばI男の事例だ。

　しかし、ここにきて状況は変わった。自分から、学校教育制度のひずみが原因で不登校になったと主張し配慮を求める児童・生徒、教師に暴力を繰り返しながら体調不良を理由に保健室登校をする児童・生徒、いじめられたと主張しながらいじめに加担して遅刻や欠席常習の児童・生徒、集団で万引きをする相談室利用の児童・生徒、などの出現だ。

　むろん全体としては旧来の真面目で神経症的な不登校や学校不適応が大半であり、いま述べたような児童・生徒の数は少ない。しかし、数字としてあがってきていないこうした児童・生徒の支援は放置されている。不登校をめぐる新しい動きにも注意が必要だ。学校での問題は、教室から眺めた社会の諸問題の縮図という一面がある。以下に課題を5点あげる。

(1) 不登校

　2007年度の小・中学校不登校児童・生徒数は12万9,255人であり、前年

度に比べ2,361人増加した。07年1年間に30日以上欠席した不登校の中学生の割合は前年比0.05ポイント増の2.91パーセントで、2年連続で過去最高を更新していることが文部科学省の学校基本調査（速報）でわかった。全国紙はこぞって「生徒34人に1人の不登校」と報じている。不登校は減っているどころか増えているのだ。

　ちなみに2003年1月、全国紙の第1面を飾った記事がある。「不登校を減らせ　21都道府県数値目標」というタイトルの記事には各自治体が掲げる数値目標が記されていた。中央教育審議会で審議中の教育振興基本計画にも「いじめ・校内暴力を5年間で半減、不登校の大幅減少」を全国目標に設定する案が出ていて、こうした動きは広まりそうだ、と結ばれていた。

　文部科学省は2001年9月7日に、1993年度に不登校だった中学3年生の進路などを追跡調査した結果を発表した。それによると65パーセントの生徒が中学卒業後すぐに高校などに進学し、成人から5年後には26パーセントが正社員やフルタイムの家業手伝いで働き、17パーセントが大学や短大や専修学校で学んでいたとしている。そして約7割が「仕事や学校で自分に自信ができた」と現状を肯定しているとしている。この報告は事実をどの程度反映しているのか。

　一方で、以下のような情報も看過できない。2003年、ニュージーランドの不登校施設内で邦人男性（22歳）が集団暴行によって死亡した事件が小さく報じられ、ニュージーランド警察は同施設使用の日本人9人の身柄を拘束した、と伝えた。また02年10月には、「不登校生受け入れ校　ずさん実態調査へ」という囲み記事が全国紙に掲載されている。記事の内容は、高校の不登校生や中退者を受け入れる私立の通信制高校やそれらと提携している民間機関ではビルの1室に定員の2倍の生徒を詰め込み、高校の学習内容の一部しか教えなかったりするケースがある、として日本青年育成協会が実態調査をおこなうことにしたというものである。不適切な不登校対応施設などを利用している児童・生徒の数は相当数にのぼる。その児童・生徒らの学習は保障されているといえるのだろうか。

　12事例のなかのK子やL男のような精神療法が必要な不登校は一部であって、大半のそれ以外は生活上の問題がない。しかし、そうしたタイプの不登校も状況次第では、父親の蒸発で家族危機に瀕したD子や父親の姉に対す

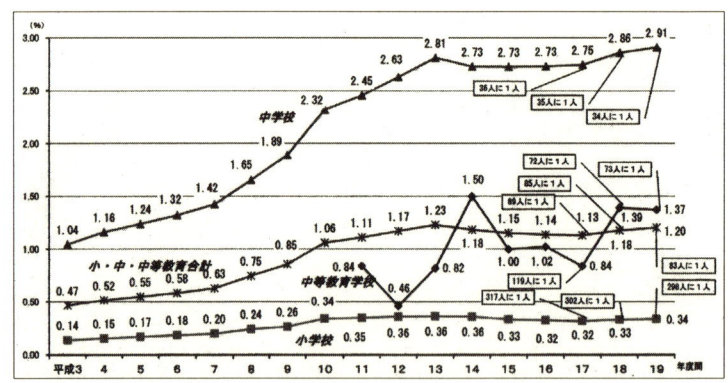

小学校、中学校、中等教育学校（前期課程）の理由別長期欠席児童生徒数（30日以上）
資料：文部科学省調べ
図2　全児童・生徒数に占める不登校の比率

る性虐待で母親の精神障害が深刻なＦ子のように、精神保健上の問題をもつことがままある。

　ゴミ袋を着用したＣ子と弟も、最初から不登校をしていたわけではない。離婚と母親の精神障害による生活苦のなかでの不登校だ。不登校は古くからある新しい問題として、学校精神保健の中心的課題として慎重に扱う必要がある。図2は全児童・生徒に占める不登校の比率である。このグラフから中学校での発生率が上昇していることがわかる。

　ちなみに、不登校は子どもの生活の一部であって生活のすべてではない。子どもは生活のなかでさまざまな顔をもっていて、不登校はその子の顔の一部であってすべてではない。また、近年さまざまな不登校が出現している。生活場面から不登校を観察して見るとおおよそ6つの型があるようだ。
①旧来から見られた精神科医療が必要な不登校。入院と薬物の治療が優先される。
②長期の引きこもりの不登校。家族外の者との接触を望まず、外出もしない。
③近年の新しい不登校。登校しないこと以外は生活上の問題はない。
④保健室や相談室に登校している隠れた不登校。集団生活や公教育から離脱している。
⑤登校していても階段や廊下にいて集団でたむろしている。公教育から離脱している。

⑥非行・犯罪型の不登校で、旧来は怠学と呼ばれた。近年は凶悪化している。

本章では詳しく論じる紙幅がないので拙著（前掲『不登校と父親の役割』『不登校を解決する条件』）を参照してほしい。不登校の類型の説明に若干ふれると、③④⑤が近年の不登校で、①②⑥は旧来から見られた不登校である。なお、①が精神科医療、②から⑥が学校精神保健の対象になる。12事例の不登校の型はA男・B子・E子・H子・I男、J子姉妹らが③型、C子と弟、F子と姉は②型、D子・K子は①型、でG子とM子はどれにも該当しない。

本章では⑤と⑥の型の不登校事例をあげることができなかった。また青年期の長期の社会的引きこもりの事例も上げていないが、2002年の1年間に全国の保健所・精神保健センターに寄せられた引きこもりの相談件数が1万4,049件にのぼったことが厚生労働省の調査で明らかになり、同省は精神保健の充実を提言している。不登校数が減少傾向といわれる一方で引きこもりの数が増加し、いまや100万人とも200万人ともいわれている。さらにニートは200万人から300万人程度いるという。これらは不登校と同じ水脈上に発生した学校独自の社会問題としてわが国が真摯に直面し、対応しなくてはならない課題だ。

(2) 校内暴力

文部科学省の公式ホームページによると、児童・生徒上の諸問題で暴力行為の発生件数は2005年度に、学校内では3万283件で前年比0.9パーセント増であり、学校外では3,735件で前年比6.6パーセント減少となっている。暴力の形態別では小・中学校では生徒間暴力が最も多く1万7,565件で前年比0.1パーセント増になっている。

内訳は小学校で1,073件、中学校で1万2,960件、高校で3,532件になっている。暴力行為とは自校の児童・生徒が起こした暴力行為をさすもので、対教師暴力、生徒間暴力、教師と生徒以外の対人暴力、学校の施設や設備などの器物破損の4形態に分類される。

対教師暴力とは教師の胸ぐらをつかんだなどの暴力をいい、対人暴力とは偶然通りかかった人にケガを負わせるとか、卒業式などで来賓や卒業生を足蹴りにするなどの行為をいう。対教師暴力は2005年度5,032件で前年比5.4パーセント増だ。

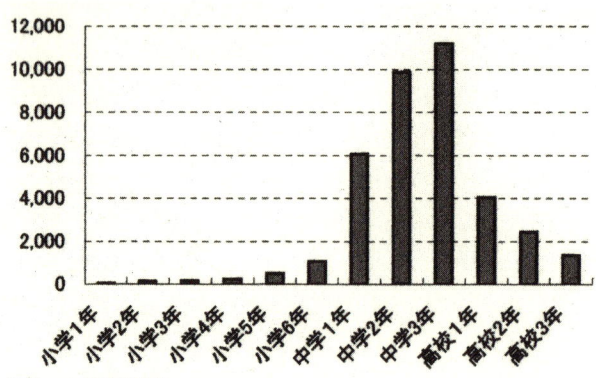

資料：文部科学省調べ
図3　2005年度の学年別加害児童・生徒数

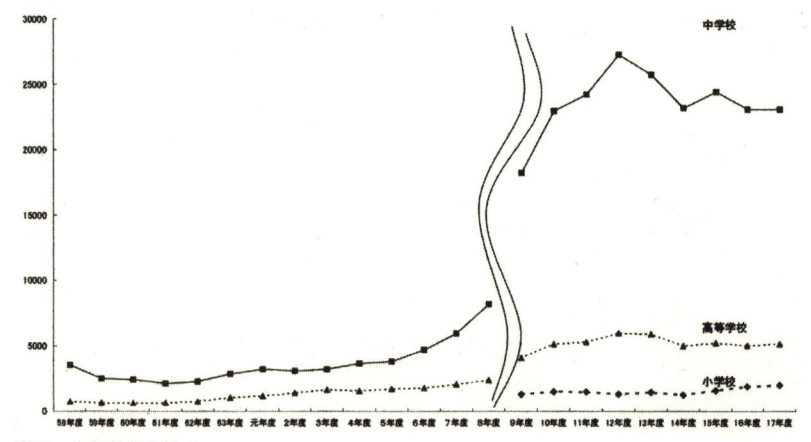

資料：文部科学省調べ
図4　学校内における暴力行為発生件数の推移

　なお、加害生徒の数を見ると中学3年（1万1,197人）、中学2年（9,880人）、中学1年（6,078人）の順に多く、中学生が大半を占める（図3）。加害児童・生徒のうち小学校では3.2パーセント、中学校では12.2パーセント、高校では8.3パーセントが警察の指導などの措置を受けている。措置の内訳は小学校では児童相談所、中学校では警察署、高校では家庭裁判所が最も多い。
　図4は1983年度から2004年度までの学校内での暴力行為発生件数の推移だ。I男の事例は1997年度だから、全国の小学校の校内暴力事件が調査され

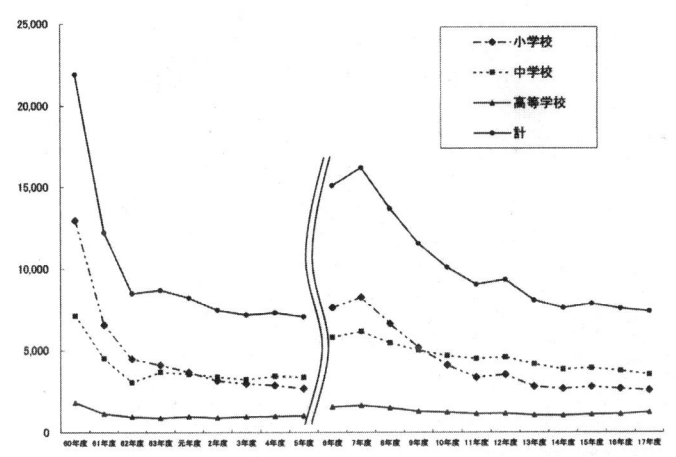

資料：文部科学省調べ
図5　いじめの発生件数の推移

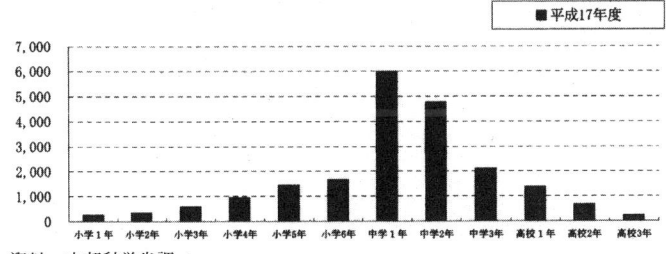

資料：文部科学省調べ
図6　学年別いじめの発生件数

始めた年にあたり、対生徒間と対教師の暴力に該当する。

しかしながら、振り返ってみればI男の校内暴力は家庭内の夫婦間の暴力（DV）に影響されたもので、生育環境と発達障害という側面への理解も必要不可欠だ。I男と母親を指導するだけでは不十分で、母親の未解決な問題や経済的・地域的な問題も複雑に絡み合っている。校内暴力は学校での精神保健の重要な課題である点を再認識すると同時に、家族精神保健との連携も必要である点を認識したい。

(3) いじめ

いじめは、①自分より弱い者に対して一方的に、②身体的・心理的な攻撃

を継続的に加え、③相手が深刻な苦痛を感じているもの、と文部科学省が定義している。そしていじめが発生した場所は学校の内外を問わないとして、件数を年次統計して発表している。

　公立の小・中・高等学校と特殊教育学校でのいじめの2005年の発生件数は総数2万143件で前年度比7.1パーセントの減少であった。内訳は小学校5,087件で前年度5,551件から減少、中学校1万2,794件で前年度1万3,915件から減少、高校2,191件で前年度2,121件からやや増加であるも、全体としては昨年度より減少した（図5）。

　いじめの発生件数を学年別に見ると小学校から学年が進むにつれて多くなり、中学1年生が5,967件で最も多く、全発生件数の29.6パーセントを占めている。学校がいじめをどのように知ったかでは、小学校では保護者からの訴えが最も多く、中学・高校ではいじめられた本人の訴えがいちばん多かった。いじめの様態については小・中・高ともに「ひやかし・からかい」が多かったとしている。

　12事例で見ると、いじめをきっかけに不登校に至った例はA男、D子、H子で、A男とH子は「臭い」と言われたことがいじめとされる。父親の多重債務のD子はいじめがあると述べたが、いじめたとされる子が遊びに来れば遊んでいるので母親は不思議がり、本当にいじめがあったか不明と述べている。

　法務省の人権擁護機関の取り組みの2007年度の報告によると学校でのいじめに関する人権侵犯事件数は2,152件で、過去最高だった06年度の973件を大幅に上回った。このなかにはいじめを起因として生徒が自殺する事件もある。また近年、インターネットを利用した人権侵害事件の増加もある。07年度は06年度を大幅に上回り418件で、前年比48.2パーセント増加だ。いじめの書き込みでブログが炎上し、自殺者も出ていることは看過できない。

　いじめ問題は多くの場合、いじめられた側の受け取り方の問題だから未然防止や予防という概念がなじまない。また、いじめが発見されたときは事後である場合がほとんどである。したがって、児童・生徒の生活に接する多様な立場の関係者が、疑問を感じた初期の段階で情報を持ち寄り、多様な角度から検討し対策を立てることが求められる。今後、保護者と地域と学校の関係者の情報の共有と連携がいっそう求められる。

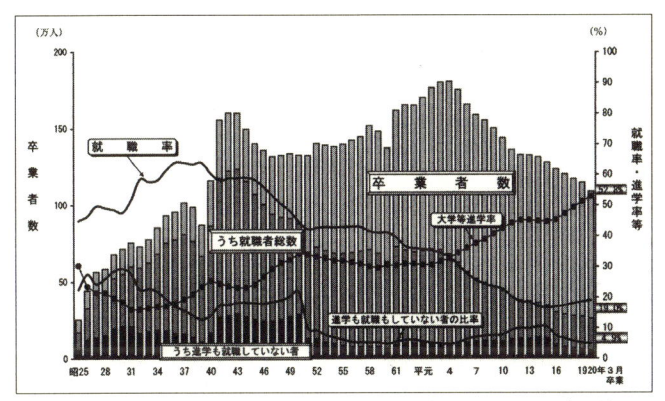

注：1 「進学も就職もしていない者」は、家事手伝いをしている者、外国の
　　　大学等に入学した者又は進路が未定であることが明らかな者である。
注：2 昭和50年以前の「進学も就職もしていない者」には、各種学校、公共
　　　職業能力開発施設等入学者を含む。
　　　また、平成15年以前には、「一時的な仕事に就いた者」を含む。
資料：文部科学省　学校基本調査速報20年11月
図7　卒業者数、就職者数および就職率などの推移（高等学校）

（4）引きこもり

　100万人から200万人といわれながら実態がつかめない「引きこもり」について厚生労働省は「精神病以外で6カ月以上の間、家族以外と交流しない中学生以上の人」と定義し、対応方法のガイドラインを全国の自治体に配布した。引きこもりや不登校の家族で作る「引きこもり親の会」では引きこもっている本人は18歳以上が8割を占めるという。意外と知られていないが高等学校の不登校生徒は5万9,419人、そのほかに経済的理由や病気などの理由での欠席者が4万8,002人、合計して10万7,421人（全在籍者数の2.99パーセント）が長期欠席者だ。また、2007年度の卒業生のうち就職も進学もしていない者は5万4,000人で4.9パーセントになる。それらのすべてが引きこもりに移行するとはいわないが、引きこもり青年の相当数は高校中退者である。

　一方、2004年の全国紙に「フリーター2010年に476万人に　年収も消費も納税も少なく　GDP損失1.9ポイント」と報じた囲み記事があった。内閣府の調査によると01年のフリーター人口は417万人だという。一方のニ

ートは厚生労働省の調査によると04年の64万人から15年後の20年には120万人になる見込みだという。

　引きこもりとニートとフリーターは直接には関係ない。しかし国の発表数の信憑性への疑念とともに、それらは不登校から続く同じ水脈の上に発生した社会適応上の問題だと考えれば、看過できる問題ではない点は確かである。

　名古屋市にあった引きこもり者のための民間の更生支援施設で入寮中の男性が死亡した記事は記憶に新しい。男性は寮内で暴力を受け、外傷性ショックで死亡した。26歳だった。この全国紙の記事の注では「引きこもりとは長期にわたって就労や就学など自宅以外での生活ができない状態の総称。統合失調症やうつ病、パニック障害などを抱えるケースも多いとして、精神疾患が原因でない状態を「社会的引きこもり」として区別する専門家もいる」としている。

　事例の小6のF子は2年間、中1の姉は4年間の引きこもりだった。黒いビニール袋を重ね着していたD子と弟、生活保護の不正受給を疑われるE子と2人の弟も学校側が書類を調べないとわからないくらいの長期の不登校、引きこもりだ。F子とD子の母親は精神保健上の問題を抱え、またE子の母親は自身も軽度の知的発達の問題を抱えていると思われる。こうした傾向から、引きこもりの子と家族をどのように支えていくか、単に学校と本人および家族の努力の範囲にとどまらない多様な支援が必要であるのはいうまでもない。

(5) 商業的性的搾取

　内閣府の「青少年と携帯電話等に関する調査研究」の報告を待つまでもなく、新しいメディアの普及は学校という垣根を超えた新しい精神保健上の問題を発生させている。

　インターネットなどの新しい通信手段の普及で児童買春などの事件にまつわる社会問題が後を絶たない。表2と3は警察庁が発表した2007年度の児童買春・児童ポルノ禁止法による送致件数だ。07年度の集計が上半期なので06年度を見ると前年度から大幅な増加が記されている。また出会い系サイト規制法第6条（不正誘引）の送致件数も大幅な上昇を見せている。

　J子の母親は売春がやめられないと話している。当初、父親の医療費を稼ぐことが目的と筆者らは捉えたが、母親によると売春は自身の性依存症の表

表2　児童売春事件の被害児童（上半期）

	総数	未就学	学生・生徒					有職少年	無職少年
			小計	小学生	中学生	高校生	その他の学生		
2007年	651	0	483	2	210	265	6	28	140
構成比	100.0	0.0	74.2	0.3	32.3	40.7	0.9	4.3	21.5
2006年	713	0	487	5	269	210	3	24	202
構成比	100.0	0.0	68.3	0.7	37.7	29.5	0.4	3.4	28.3
増減数	▲62	0	▲4	▲3	▲59	55	3	4	▲62
増減率	▲8.7	—	▲0.8	▲60.0	▲21.9	26.2	100.0	16.7	▲30.7
2005年	692	0	558	7	296	255	0	23	111
2004年	779	0	645	8	320	312	5	15	119
2003年	673	0	520	2	270	247	1	26	127
2002年	726	0	590	4	322	261	3	16	120
2001年	551	0	461	1	231	225	4	19	71
2000年	406	0	315	2	159	149	5	13	78

資料：警察庁調べ

表3　児童ポルノ事件の被害児童

区分	総数	未就学	学生・生徒					有職少年	無職少年
			小計	小学生	中学生	高校生	その他の学生		
2005年	251	5	218	26	68	124	0	5	23
構成比	100.0	2.0	86.9	10.4	27.1	49.4	0.0	2.0	9.2
2004年	82	0	68	5	30	33	0	4	10
構成比	100.0	0.0	82.9	6.1	36.6	40.2	0.0	4.9	12.2
増減数	169	5	150	21	38	91	0	1	13
増減率	206.1	—	220.6	420.0	126.7	275.8	—	25.0	130.0
2003年	71	0	67	11	15	41	0	3	1
2002年	60	1	48	12	20	16	0	7	4
2001年	175	1	170	75	76	19	0	2	2
2000年	123	1	120	71	22	27	0	1	1

資料：警察庁調べ

れだという。母親の性依存症は父親のアルコール依存症と対をなし、家族の危機的状況を相乗的に形成していた。J子の場面緘黙は、他言しないことでしか家族を守ることができないJ子の悲しみを表している。

　今回あげた12事例のなかに子どもの商業的性的搾取に関係する事例はあげていない。しかし、例えばJ子や妹、E子、F子と姉、H子と2人の妹、そ

れにK子らが絶対に商業的性的搾取の事件に巻き込まれないと断言することはできない。現にF子の姉は父親から性虐待を受けている。F子は直接の被害者ではないが、隣の部屋で姉が泣く声を聞いているので間接的な性虐待だといえる。

　虐待の連鎖と再現性は広く知られるが、F子姉妹が何年か後に商業的性的搾取の被害者にならないとは言い切れない。商業的性的搾取の被害者のなかには家庭内の性虐待の被害者の割合が高いという報告もある。さらに通信技術の普及で商業的性的搾取も巧妙に形を変えて子らに忍び寄り、搾取する機会を狙っているかもしれない。

　商業的性的搾取の形態は派遣型ファッションヘルス（デリヘル）や管理買春（テレクラ・ソープランドなど）など多彩で、なかには暴力団が資金源にしている例も含まれている。J子の母親も当初は午前中だけの派遣型売春だったが、のちに管理売春に移った。理由は夫の高額医療費を捻出するためだったが、売春そのものを管理されることで組織に組み込まれ、気づいたときは簡単にやめられない状況に陥っていた。

　商業的性的搾取はそれ自体が児童・生徒の福祉に反する甚大な人権侵害だが、親から子へと世代を超えて連鎖が観察される児童虐待の一形態として認識していく必要がある。学校精神保健と家庭福祉、警察署などの連携と情報の共有が求められる。

　　　　＊

　以上のように学校現場で観察される独自の精神保健上の問題、①不登校、②校内暴力、③いじめ、④引きこもり、⑤商業的性的搾取の5項目を論じた。再度述べるが、学校教育現場で発生する児童・生徒の問題は多彩でさまざまな問題が混在している。それは12事例を見ても明らかだ。それらは現代社会という共通の水脈の上に発生した問題の一部だからである。したがって、援助を教室という枠組みでおこなうにはあまりにも困難である。他職種との協働や多機関との連携が求められる所以である。次に、児童・生徒のライフサイクル上の課題を児童期・思春期の精神保健上の問題として5項目あげて支援方法を検討したい。

5 児童期・思春期の精神保健上の問題

　児童期・思春期の精神保健上の課題をあげれば、第2次性徴に代表される心身の変化に関連する問題に象徴される。心身ともに成長が著しい夢と希望に満ちた思春期は、ともすれば心身の発達のバランスを崩しやすい時期でもある。学童期は思春期を前にして潜伏期と呼ばれるが、身体的な発達が前倒する傾向を強めるなかで、従来は対象外だったリストカットや摂食障害なども発現している。

　また従来、学童期の情緒問題だといわれた場面緘黙や夜尿・遺尿の問題も古くて新しい問題であり、加えて近年注目されている発達障害への対応は教育現場を揺るがせる大きな影響力をもってきている。

(1) 摂食障害

　摂食障害は神経性無食欲症（AN）、あるいは拒食症と呼ばれる心身症の一種で、神経性大食症（BN）あるいは過食症を伴っている場合と伴っていない場合がある。拒食症は太っていることをからかわれたり自分で醜いと感じたりして、極端なダイエットや偏食に陥ることが原因といわれている。痩せ細り、ときには生命の危機にまで至る例がある。これと反対に、むちゃ食いのエピソードが見られる過食症がある。両者が交互に現れるケースもあるので摂食障害と捉えられており、近年増加傾向にある（表4）。

　男女比は1対9で女子が多いとされるが、近年は男子の症例が増えてきているといわれる。また痩せ願望が顕著でない例や、摂食障害とリストカットや万引きなどの問題を併せ持つ場合や、摂食障害から売春や自殺などへ症状が移行する例が報告されている。

　中枢系摂食異常症の全国疫学調査（1998年）によれば摂食障害は1980年から98年の間に大幅な増加が見られる。特に94年度から98年度までの5年間で神経性無食欲症（拒食症）は4倍、神経性大食症（過食症）は4.7倍に増加している。近年になってこうした症例が顕著に増加していることをどう見るか。児童期・思春期の精神保健の問題である摂食障害は学校教育現場にしば

表4　摂食障害　　　　　　　　　各年10月

年次	推計患者数（単位：千人）		
	総数	入院	外来
平成17年	2.9	1.6	1.3
平成14年	4.1	1.3	2.8
平成11年	2.7	1.4	1.3
平成8年	1.9	1.1	0.9
平成5年	0.9	0.5	0.4
平成2年	0.9	0.5	0.4
昭和62年	0.8	0.5	0.3
昭和59年	0.6	0.4	0.2

資料：厚生労働省「平成17年患者調査報告」

しば登場する問題だ。

いうまでもなく、拒食症による低栄養が心身に及ぼす影響は大きい。貧血、毛髪が抜ける、月経が止まる、抑うつ感が強まり衝動的になる、などの症状のほか、脳の萎縮が起こり、内臓疾患から最悪の場合は死に至る例も報告されている。過食症も肥満から抑うつ感・引きこもり・内臓の疾患が現れやすいとされる。まして、拒食症と過食症を短期間で繰り返すことの心身への影響はいうまでもないだろう。

　12事例のなかでは摂食障害の事例は小5のF子だ。中1の姉は父親から性虐待を受けている。父親はぽっちゃりした女性が好きだと公言しており、姉はぽっちゃり体形だった。F子にしてみれば、父親からの性虐待被害にあわないための自衛手段がガリガリに痩せることだった可能性がある。しかし、F子のような摂食障害はまれだ。

　ちなみに清水誠らの「小児期発症の摂食障害とその関連疾患」（「医学のあゆみ」第217巻第10号、医歯薬出版、2006年）によれば小児期の摂食障害は成人に比べて非定型が多く、肥満恐怖からではなく不健康を理由に食物の摂取を回避する情緒障害の子も多いという。小児の拒食症は食物回避、過剰な運動、嘔吐、下剤の乱用など大人の症状と似ているが、嘔吐は成人ほど多くなく下剤の乱用は稀だという。

　F子の場合は表でいうと「食物回避性情緒障害」ないし「広汎性拒絶症候群」として分類されるだろう。確かにF子は飲食を避けていて、セルフケアに無頓着な様子が観察された。この表から、F子の姉だけでなくF子への心身両面のケアが必要だったことがわかる。

　摂食障害を通して児童期・思春期特有の心の危機を考えたとき、旧来から指摘されている自立をめぐる心理的葛藤という側面は無視できないが、摂食障害は「痩せている＝美しい」という社会的価値観が原因だという理論だけでも理解できない。つまり、発達上の問題や家族の関係や教育環境など社会

表5　直接的および間接的な自己破壊的行動（Walsh, 2005）

> 直接的に自分を傷つける行為
> ・自殺企図（例：過量服薬、縊死、高所からの飛び降り、銃の使用）
> ・重大な自傷（例：自分の眼球をくりぬく行為、自己去勢）
> ・非定型な自傷（例：顔面、目、性器、乳房への自傷、複数個所の縫合処置を要する身体損傷）
> ・一般的な自傷（例：手首・腕・脚を切る、自分の身体を焼く・火で炙る・自分を殴打する、自分の皮膚を激しく擦る）
> 間接的に自分を傷つける行為
> ・物質乱用
> 　アルコール乱用
> 　マリファナの使用
> 　コカインの使用
> 　吸入剤の使用（トルエン、ブタンガス）
> 　幻覚剤（MDMAなど）の使用
> 　その他
> ・食行動異常
> 　神経性無食欲症
> 　神経性大食症
> 　単純性肥満・むちゃ食い障害
> 　緩下剤の使用
> ・危険行動
> 　身体的危険行動（例：高い屋根の上や車が高速で行き交う道路を歩く）
> 　状況的危険行動（例：見知らぬ人と一緒に車に乗る、危険地域を一人で歩く）
> 　性的危険行動（例：見知らぬ人とセックスをする、コンドームを用いない性交）
> 　医師の許可なく、処方されている向精神薬を中断する
> 　処方されている向精神薬の乱用
> 　市販薬（鎮痛剤・感冒薬など）の乱用

全体からの検討が問われるのだ。

(2) リストカット、自傷行為

　思春期特有の問題として近年特に注目を浴びているのがリストカットなどの自傷行為である。上記の摂食障害と合併して発症することも多く、稀にではあるが死に至る例もある。学校教育現場では頻繁に報告されるが、有効とされる解決策がなく、関係者は痛ましい傷を負った児童・生徒を前に言葉を失うことも多い。これは小学校でも報告され始めている。

　森岡正芳は、「自傷行為とは心理的苦痛を軽減するために意図的におこなわれる致死性の低い身体損傷で、その行為は社会的に容認されていないものをさす」[1]としてWalsh.BWの研究を紹介している。また森岡は「自己の身体を傷つける、これは自己破壊的だが、一方でより深刻な破壊に至るのを食い

止め防いでいるようにも見える」⁽²⁾と述べている。

　リストカットなどの自傷は自殺と一線を画するが、行為の連続性が示唆されるのだ。

　これを裏づけるように松本俊彦は、「自傷者の大半は不快気分の対処法として自傷をおこなう一方で、実はその半分が別の方法による自殺企図歴がある」と報じ、「女性自傷患者の19パーセントが1年以内に深刻な過量服薬に及び、22パーセントが3年以内に重篤な自殺企図に及ぶ」⁽³⁾と述べている。さらに「自傷は自殺企図ではないが間違いなく自殺の危険因子であることを示している」⁽⁴⁾と論じている。

　松本は、「自傷者の場合、過酷な家庭環境に過剰適応し、自分が抱えている怒り（しばしば家族に対する怒り）に罪障感を抱きやすいと同時に、周囲に対して強い不信感をもっている」⁽⁵⁾とWalsh & Rosen（1988）の言葉を紹介している。表5は、Walshが2005年に作成した自己破壊行動の類型である。

　12事例ではリストカットを主訴とする児童・生徒を扱っていないが、D子が社宅7階のベランダから飛び降り自殺をしようとするが果たせず、精神科病院に入院した後にリストカットを始めている。またK子も、自殺企図の後にリストカットを始めている。それらは、Walshらが指摘する家族に対するやり場のない怒りとその怒りに対する自責の念がリストカットという形になった、と筆者は理解している。そうした観点で12事例を振り返ると、F子姉妹、H子姉妹、J子姉妹にも今後発現の可能性はあるかもしれない。

　なお、「どこにも自分の存在がない」と述べたB子の母親もリストカットをしていたが、アパートを借りて子らとともに自立生活を始めた過程でやめている。思春期を中心に発症しやすいとされるリストカットは自己の存在（アイデンティティ）の問題とからんで複雑な様相を示すが、時代的背景もあって年齢の拡散やメディアなどの影響から国や地域を超えて被害の拡大が懸念される。

(3) 発達障害（ADHD／PDD／LD／アスペルガー障害）

　発達障害に関しては本書第4章で藤井茂樹が詳述しているので、ここでは12事例のなかのA男と姉妹、E子と兄弟、I男、K子らの事例からこの問題に接近する。「臭い」と言われてから登校できなくなったA男と2人の妹は

学力の境界線児として学校で認識されていた。筆者らのWISC-Ⅲの検査でも3人とも共通に発達のバラツキはなく全体的にやや低い値だった。A男と2人の妹は軽度の知的障害ではないかと思われた。のちにA男は特別支援学級から特別支援学校高等部に進学し、妹らも特別支援学級で学んだ。

　母親が生活保護の不正受給をしていたのではないかと疑われたE子と2人の弟は、動作性検査の数値に比して言語性検査の側面が低い値を示していた。E子と弟たちは、養育環境の影響から特に言語理解などの能力が開発されていないのではないかと推測された。実際、筆者ら療育相談員が個々に関わると、E子と弟たちは目覚ましく能力を開発していった。しかしE子の母親の都合で療育プログラムは中止され、残念な結果になった。振り返れば、おそらくE子の母親も十分に知能の発達が開発されていない可能性があった。また、学習障害（LD）の可能性も否定できない。文字を書くという行為がE子らには困難だった。

　一方、極小低体重児で生まれDVの家庭に育ったI男は、言語性に優れていて高い言語理解力をもっているが、符合や積み木配列や組み合わせなどのイマジネーションに障害が示唆された。I男がもつ対人行動能力や社会的認知力は家族内のコミュニケーションから学んだ側面が否定できないし、衝動性や暴力は両親との行動から学習したと思われるが、I男が示す学習困難などは中枢神経系に何らかの障害を有していると判断できた。またてんかん波が観察されることも、発達障害、そのなかでも衝動性優位の注意欠陥多動性障害（ADHD）の可能性があると思われた。極小低体重児として生まれたことがI男の発達に影響を与えた可能性は払拭できない。

　校舎のトイレのフックにロープをかけて自殺企図をしたK子は非常に学習能力が高いと評価されていた。筆者はK子にテストをおこなっていないが、母親と担任からの話ではすぐれた辞書的言語をもち豊富な知識を得ていたという。しかし、K子は成績が落ちただけで自殺企図という衝動的な行為をしてしまう。カッターを振り回し、リストカットもしている。関係者から聞いた話では、友達関係でつまずいて孤立していたという。そうした状況からK子はアスペルガー障害ではないかと思われる。社会的状況把握が困難なため、同級生と円滑なコミュニケーションがとれなかったのだろう。

　ちなみにL男にも同様の傾向が見られるが、同様に2人の父親らも同じ傾

向を示している。父親らも社会的状況の認知が困難なため、場の状況に合った言語活動ができずに昇格のチャンスを失っていたと捉えることができる。これらの4事例を見ても、発達障害は子どもだけの問題ではなく、親も同様の傾向が示唆される場合が少なくない。その点を指摘した研究報告も多く出てきている。

　また、性同一性障害を訴えたM子も、可能性として発達障害を視野に入れなくてはならない。M子は兄弟の間に育ち自分は男だと思い、男として生きることが自然だと思っていると述べている。それは社会的状況の認知に障害があり、同一性に困難を生じやすいアスペルガー障害特有の行動だともいえる。兄弟の間の女子は、兄弟に囲まれているがゆえに自分は女だと認識するのが一般的だからだ。

　発達障害に関してはまだ研究の途上であり、わが国では十分な検証がなされておらず、診断ができる医師や関係者は限られている。上記5事例も、発達障害の可能性があると指摘できるというレベルだ。治療方法の研究が進んで診断とリンクされるときまで慎重に扱いたい。医療と教育の連携が研究レベルでも必須である。

(4) 緘黙

「緘黙」とは言葉を話さない状態をいう。話せないわけではない。話さないのだ。場面緘黙の別名は選択的緘黙といい、一般的に心因的な問題とされる。12事例から見るとF子と姉、J子と妹が学校という場面で話さなかった。姉妹では話すが、同級生や教師とは話さない。F子と姉は入学後から小学3年生で不登校になるまでの間、緘黙を押し通した。F子と姉は家に引きこもったが、訪問する担任や養護教諭とも話さなかった。したがって、場面緘黙というよりも選択的緘黙に該当するといえる。

　一方のJ子と妹は、保育所で保育士や同じ組の子らとも話さない。小学校に入学し姉妹は別々のクラスになり妹が話し始めるが、J子は頑なに口を閉ざしていた。F子らとJ子らは学習面では問題なかった。特にF子は在学中の成績は優秀で、テストではいい点をとっていた。知的発達は普通かそれ以上だ。

　両者の家族を見てみよう。F子の父親は姉と寝て性虐待をしていたと思わ

れる。夜間、母親は隣室の姉の泣き声を聞くと風呂場で絶叫していた。父親の性虐待がいつごろから発現したか定かではないが、F子の心理的発達に影を落とした可能性がある。また父親や母親の原家族に多世代にわたる虐待の連鎖があった可能性も示唆される。父親の原家族には複数の精神障害者が存在し、自殺者も出ている。

　母親の原家族の情報がないが、父親の家族と同等の破壊的状況があったのではないかと推定される。つまり、F子の拒食症は父親からの性虐待への自己防衛で、緘黙は家族の秘密を守り崩壊を防ぐ目的があったと思われた。

　J子の場合も同様に、父親のアルコール依存と母親の性依存の問題が公になれば家族が崩壊するとJ子が思い、緘黙を押し通したのではないかと思われた。父親は数カ所の精神科クリニックから処方してもらった多量の睡眠薬を溜めて一度にアルコールとともに飲むという問題行動をもっていた。その結果、肝臓を痛めて深刻な危機状況に陥っていた。

　母親の売春はおそらく高校中退の時点からあったのではないかと思われた。受け身で慎ましい生活をする母親（祖母）の生き方に反発して派手で行動的な生活を選択した母親は、その先に管理売春が控えているとも気づかず突っ走ったのかもしれない。そうした家族の危うさをいちばん危惧していたのはJ子だった可能性がある。

　場面緘黙と選択的緘黙のF子やJ子の事例は両親の生きざまに翻弄され、それでも両親を頼りに生活せざるをえない子どもとしての葛藤を象徴しているといえるだろう。しかし近年、アスペルガー障害であって自閉症児としての適切な早期診断と治療がなされなかった子に場面緘黙ないし選択的緘黙が報告されていることは注意しておきたい。学校ではほとんど話さず友達の言いなりになって、学習でも教師からのはたらきかけに応答せず反応もないが、テストでは一定の範囲だという子の報告がある。

　すなわち、場面緘黙や選択的緘黙はすべて家族が起因する生活問題と言い切れない実態があることを知り、多面的な検討をするため医療と教育と福祉の連携に心がけたい。

(5) 夜尿・遺尿

　遺尿症とは自分の意思に関係なく尿がもれてしまうことで、夜間の遺尿を

夜尿といい、昼間と夜間にまたがる混合型もある。多くは小学校低学年で消失する症状で、稀に成人に達してまで続くこともある。心因性のものが多いが、膀胱の未発達、てんかん、尿路炎症でも起こる。一方、年齢相応のしつけがなされていないなどの養育者の不適切な関わりでも起こりうる。薬物療法と行動療法が有効とされる。

　12事例のなかで、小6のH子と2人の妹は4番目の妹が生まれてから紙おむつを使用し、夜寝る前に哺乳瓶でミルクを飲んでいた。母親は、4番目の子にやきもちを焼いて赤ちゃん返りをしていると理解していた。父親もそのように理解していて、いじめられて不登校になったので刺激しないでいればそのうち治る、と思っていた。両親は不登校になった段階で大学病院の小児科を訪れ、不登校と遺尿と夜尿の対処の方法を聞いた。医師は不登校に関しては「しばらく様子を見るように、心が回復したら登校するでしょう」と話し、泌尿器科を紹介した。泌尿器科では尿路炎症などと尿量を量る検査をして、両方ともに問題ないことがわかった段階で薬物が投与された。

　しかし、遺尿も夜尿も改善しないままに不登校から半年が経過し、テーマパークにも飽きてしまい筆者の元を訪れた。母親は「なんとかしてください」と述べ、「不登校は問題と思っていませんが、最近テーマパークへ連れて行こうとしても行きたがらない、行ってもすぐに帰ろうと言うので困っています」と話している。3人の子らはブランドの服の下に紙おむつを着用し、紙おむつから発する尿の臭いを面接室にまき散らしていた。

　筆者は母親の主訴が理解できなかった。「なぜ相談室に来たのですか？」と2回質問しても母親から出てきた言葉が「テーマパークへ行きたがらない」だったからだ。母親は生活しづらさを感じているが言語化できないのか、直面したくないのか、いずれかと思われた。それで父親を呼んだ。父親は「このままだと子らは現実を誤解してしまう」と述べ、不登校の解決に乗り出した。と同時に紙おむつをとり、遺尿と夜尿の改善を果たした。

　子らが登校してから、母親は夫（父親）と祖母に対して不満を抱いていたことを話した。「嫁のしつけが悪いから子らが不登校になった」「なんぼ産んでも女腹」「浮気は男の甲斐性」という祖母の言葉に反論もせず放置した父親に対してふがいなさを感じていた。また、母親の料理が口に合わないと祖母宅で夕食をとることにも不満を感じていた。

しかしそれを口にすれば父親がほかに女をつくるかもしれない、祖父の例もあるので言えなかった、と述べた。八方塞がりの生活のなかで、母親はテーマパークという現実逃避の方法を選んだといえる。遺尿も夜尿も、器質的な問題がない場合は生活のなかに何らかの解決のヒントが隠されている。H子らの場合、父親の介入で不登校からも遺尿からも解放されたが、それは母親の自己存在の危機を露呈することにもなった。母親は心理療法室に通った。

　　　　＊

　以上、学童期・思春期の精神保健上の重要な課題を5点あげて検討した。学童期とそれに続く思春期の問題は、子の心と体の発達上の問題や家族関係、学校教育関係、地域の環境問題、文化や文明などから複雑に影響を受けている。どの症例も個別性が強く、様態は複雑で対応は困難だ。それは児童期・思春期の精神保健が地域・学校・家庭との連携が必須であることを物語っている。
　次に、家庭の精神保健の問題を5点あげる。いうまでもなく、児童・生徒の精神保健の問題は家庭環境を抜きにしては対応を検討できない。家族が大きく変わったといわれる今日、何がどう変化して児童・生徒の生活に影響を与えているのかを検討したい。

6　家庭の精神保健上の問題

　この節では家庭での精神保健上の課題を検討する。①児童虐待、②DV、③中・高年の自殺、④離婚と社会的養護、⑤自我同一性と家族危機、である。それぞれに直接的な関係はないが、家庭という共通基盤から発している相互的な精神保健上の問題であり、教育問題に大きく影響を与える社会問題でもある。

(1)　児童虐待

　厚生労働省は2006年6月、全国の児童相談所が05年度に在宅指導などを

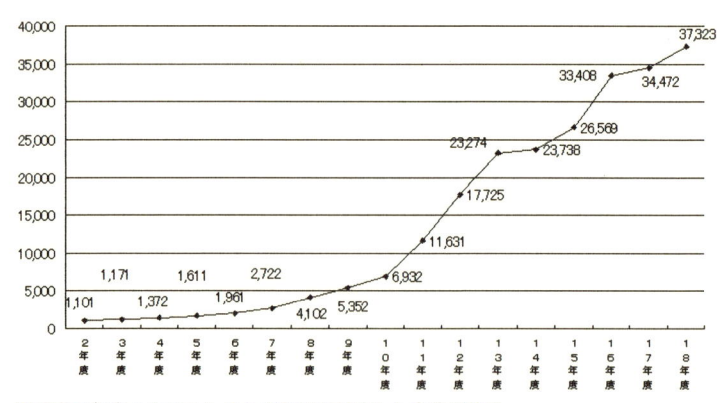

※平成17年度の全国における市町村が対応した虐待相談件数＝4万222件
資料：厚生労働省　2008年11月

図8　2006年度児童相談所における児童虐待相談対応件数

おこなった児童虐待についての処理件数が過去最多の3万4,451件にのぼったと報告した。05年度の児童虐待の相談受け付け件数は3万4,297件で前年度に比べて355件減ったが、それは児童福祉法の改正に伴って05年度から市町村でも相談業務をおこなうことになったためと厚生労働省は説明している。

　警察庁少年課が発表した2005年度1月から12月までの児童虐待事件の検挙総数は222人で被害児童数は229人となっている。全国の児童相談所が05年に相談を受け付けた件数が3万4,297件あるにもかかわらず警察署が検挙できた数が222人で、約150分の1という割合である。なんという少なさだろうか。性虐待に関していえば、04年には1,048件の発生が報告されているのに検挙者が55人である。つまり、ほとんどが検挙されていないことになる。虐待が繰り返される可能性が危惧される。

　12事例を振り返ると、身体的虐待はI男、心理的虐待はDV家庭のなかで生活しているI男とその弟、性虐待はF子の姉と間接的であってもF子、育児の怠慢・放棄はA男の3番目の妹と母親が生活保護手当を不正受給していた可能性があるE子と2人の弟、「ムーニーマン」のH子ら3姉妹だ。虐待は家庭内の出来事であるため重複して発現することがよくある。

　F子の姉は父親から性虐待を受けていた。F子と母親は拒食症傾向をもち

表6　虐待の内容別発生件数

	総数	身体的虐待	育児の怠慢育児放棄	性的虐待	心理的虐待
平成16年度（04年度）	33408件〔100%〕	14881件〔44.5%〕	12263件〔36.7%〕	1048件〔3.1%〕	5216件〔15.6%〕

資料：内閣府『青少年白書2006年度版』

ガリガリに痩せていた。父親はぽっちゃりした体形が好きだった。母親は夜間、姉の泣き声を聞くと風呂場で絶叫していた。それは外部に助けを求める行為のように見えた。しかし母親の思いはアンビバレント（両価的）で、家族崩壊は望んでいなかった。

　その傾向はⅠ男の母親の行動にも共通する。夫（父親）からの激しい暴力に一度は家を出て生活するが、すぐに夫（父親）との生活を再開する。母親は「自分さえ暴力を我慢すれば子どもが父親を失わないですむ」と述べる。その言葉は、多重債務で苦しめられるD子の母親も発している。虐待問題の解決が困難な理由はここにある。だから、加害者を罰するだけでは虐待問題は解決できない。

　しかし、何らかの法的な措置をとらないと虐待は繰り返される可能性がある。F子の父親が姉にとどまらずF子を性虐待の対象とする日がくるかもしれない。Ⅰ男にも弟がいる。身体的虐待が弟にいかないとも限らない。家庭のなかで虐待が起きる生活は弟の心理的な発達にも影響を与えずにはおかない。Ⅰ男の母親も精神科の治療を受けている。虐待問題は当該子ときょうだい、家族の全体にとっての精神保健上の問題と考える必要がある。

　児童虐待における精神保健上最も重要な課題は、早期発見の場としての学校や保育所などの役割認識の啓発である。特に沈黙の虐待と呼ばれる性虐待は外からは発見しにくい。ちなみに、F子の姉が性虐待の被害者ではないかと発見したのは担任の教諭だ。閉ざされた家庭のなかで発生する虐待の救助のサインをいち早く発見できる場として教育現場や教諭が果たす役割は大きい。

(2) 夫婦間暴力（DV）

　2001年10月に「配偶者からの暴力の防止及び被害者の保護に関する法律」（DV防止法）が施行された。施行後の4カ月で4,841件の被害相談が全

国の警察署に寄せられたのは記憶に新しい。被害者の98.4パーセントは女性だった。DVは夫婦や恋人など親しい間柄の男女間で発生する暴力をさす。新法が対象とする配偶者には、婚姻届を出している夫婦のほかに内縁などの事実婚も含む。

　2005年度に全国の警察が把握した配偶者からの暴力（DV）事案は1万6,888件にのぼって前年よりも17.2パーセント増加し、01年のDV防止法施行後、過去最悪になったことが警察庁のまとめでわかった。被害者のうち1万6,481人（97.6パーセント）が女性で、男性は407人だった。男性の被害者が増えているといわれる。

　図9はDV問題連絡協議会の公式ホームページに載せられている東京都の配偶者暴力相談支援センターに寄せられた相談件数の推移だ。同協議会は38カ所の支部をもち、全国的にDV被害者を支援している。図を見ると2001年度の相談件数は2万9,000件以上、02年度は3万7,000件以上に達している。そのうち01年度は11.4パーセントの3,300件、02年度は19.5パーセントの7,300件がDVに関する相談だった。

　同協議会は、相談されないケースを含めるとさらに何倍ものDVが発生していると考えられる、と述べている。相談しない背景として、家庭を壊したくない、暴力は収まるかもしれない、このくらいの暴力はどの家庭でもあるのではないか、自分が悪いから仕方がない、などの思い込みが考えられると同協会は結んでいる。

　I男を例にとれば、母親は骨折するくらいに殴られても自宅を出ることはしなかった。母親は、父親が詫びてしばらくは優しくしてくれることを知っている。母親が変わるとすれば、そうした両親の関係がI男と弟を犠牲にして成立しているという事実に直面したときだろう。

　B子の両親は離婚調停中であり別居をしていたが、弟の親権をめぐって激しく言い争う場面をB子らにも見せている。I男の両親のように殴り合いはしていないが、B子の家庭もDVと紙一重の状況にある。しかしB子の場合は、母親が自立生活を始めることで父親の意識変革を促すことができた。父親は距離をとりながらも母子を支えていくのである。

　夫婦間暴力などの家族の問題であっても、子どもの精神保健的な観点から学校・地域による精神保健の密接な連携が求められるのだ。

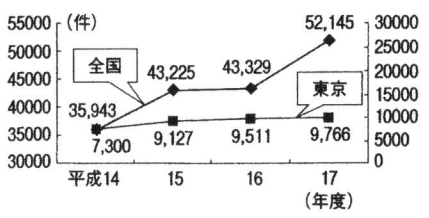

資料：内閣府資料
図9　偶者暴力相談支援センター相談件数

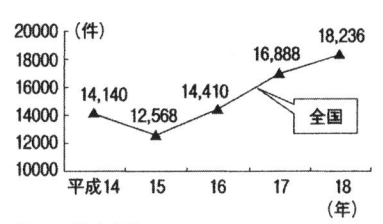

資料：警察庁資料
図10　警察による対応件数

(3) 中・高年の自殺

　自殺対策を国や地方自治体などの責務とした「自殺対策基本法」が2006年6月15日衆院本会議で可決・成立した。内閣府に自殺総合対策会議を設置し、自殺防止と自殺者の家族の支援を進めるという。そうした背景には、年間の自殺者が8年連続で3万人を超えたという現実がある。自殺に至るまでにはさまざまな社会的・家族的・個人的な背景があることはいうまでもないだろう。

　警視庁の資料では、2005年度の自殺者の総数は3万2,552人で、前年に比べ227人増（0.7パーセント増）であった。性別では男性が2万3,540人で全体の72.3パーセントを占めた。そのなかでも中・高年の自殺者が多く、50歳代と60歳代以上を合わせると全体の約6割（56.8パーセント）に達する（表7は2007年度のもの）。

　職業別では無業者が全体の47.3パーセントを占めているが、次は被雇用者（25.5パーセント）、次いで自営業者（11.4パーセント）となっている。自殺の原因と動機では健康問題（40.0パーセント）、経済・生活問題（31.4パーセント）、家庭問題（9.8パーセント）などとなっている。しかし実際、それらは複雑に絡み合って中・高年の男性の生活をストレスフルにしていると考えられる。

　ちなみに、厚生労働省は労働安全衛生法を改正した。それは、労働形態の変化や技術革新の進展に伴って起こる新しいストレス関連疾患や疲労を予防し、労働者の健康確保を図る必要が生じたからだ。新法の特徴は産業医の役割を重視した点にあり、産業医の専門性の確保が同法のなかでうたわれてい

表7　原因・動機別自殺者数

区分　　　構成比	原因・動機特定者	原因・動機不特定者
平成19年	23,209	9,884
構成比	70.1%	29.9%

（単位：人）

区分　　　構成比	原因・動機特定者の原因・動機別							不詳
	家庭問題	健康問題	経済・生活問題	勤務問題	男女問題	学校問題	その他	
平成19年	3,751	14,684	7,318	2,207	949	338	1,500	9,884

注：平成19年に自殺統計原票を改正し、遺書等の自殺を裏付ける資料により明らかに推定できる原因・動機を自殺者1人につき3つまで計上することとしたため、原因・動機特定者の原因・動機別の和と原因・動機特定者数（23,209人）とは一致しない。したがって、前年との単純比較はできない。
資料：警察庁生活安全局（平成19年度）

る。職場のメンタルヘルスの充実は精神保健の急務である。

　多重債務に陥ったD子の父親は再度の多重債務になり、遺書を残して行方不明になった。D子の父親のような自殺の形態は実数のうえでは多くはない。しかもD子の父親の問題はギャンブル依存症で、うつ病などの職場メンタルヘルス上の問題ではない。しかし、父親がなぜギャンブルにはまり込んだのかを考えると、うつ病などのメンタルヘルス上の問題が浮上する。

　D子の父親は高学歴のエリートサラリーマンで、出自は祖父も曾祖父も名誉職に就いている代々の名家の出だった。父親は大きな期待を背負っていた。しかし、大学卒業後に就職した金融機関は時代の煽りを受けて統廃合された。そのころから父親はギャンブルにはまりだした。母親は父親と同じ年で同じ大学の出身だったが、生真面目で勤勉な父親を知っているだけに、たび重なる借金にもめげず母親は父親を支え続けた。

　D子の父親の行方はいまもわからない。もしかしたら人知れず自殺をしているかもしれない。あるいは実名を隠してどこかで生活しているかもしれない。いずれにしても、D子の父親は社会的に自殺（死亡）しているに等しい。D子の事例から学ぶ点は早期発見と未然防止の必要性である。

　中・高年の自殺予防の観点からいえば職場のメンタルヘルスをいっそう充実していくことに異論はない。しかし、家庭と職場とメンタルヘルスの連携をどのように図るかは現実には難しい問題を含んでいる。本人の秘密はどのように保護されるか、家族の情報をどの程度企業が管理するのか、という重

い課題が横たわるからだ。D子の父親は職場のメンタルヘルスの対象になっていなかった。

　また一方、自殺によって遺された家族のメンタルヘルスも重要な課題になる。継続してサポートしていくことが求められるが、雇用契約の関係で家族へのサポートが打ち切られる事態もなくはない。さらに勤務問題による自殺、すなわち過労自殺のような場合は労災として認めるか否かの裁判に発展する場合もあり、遺族は家族を失った悲しみのほかに裁判という長期のストレスにさらされる。

　中・高年の自殺は多くの場合、遺された家族が問題になる。家族のなかに幼い子がいる場合はより深刻な影響を残す。学校・地域の精神保健が連携しなくてはならない。

(4) 離婚と社会的養護

　要保護児童が増加しているという。家庭での虐待や親の離婚・死別などによって親元で暮らせない「要保護児童」(0歳から18歳)が2006年3月末の時点で3万5,792人と前年に比べ1,091人増えたことが厚生労働省の調査でわかった。少子化社会にあって要保護児童が増加している背景には児童虐待の増加、そのなかでも、ネグレクトなど育児の放棄の件数の増加があげられている。原因は、核家族化などの影響で家庭の養育機能が低下しているからだといわれる。

　要保護児童といえば、黒いゴミ袋を着用したC子と弟、および脳炎後遺症のG子の事例だ。3人の子らは児童養護施設に入所した。いずれも両親は離婚していて単親家庭だ。C子の母親は青年期から統合失調症を発症していた。G子の母親は買い物依存症になった。2人の母親に共通なのは、精神障害の問題があった点である。子らを養育できなくなり、子らは児童養護施設に入所した。

　振り返ると、C子の母親は離婚するまでは投薬を受けながらも、2人の子の親として通常の範囲の生活をしていた。子らも賢く勤勉だった。父親の離婚請求から母親の精神的不調は深刻になり、心配したC子らが学校を休んで母親を看病した。おそらく母親が看病を求めたのではないだろう。G子の家族は、G子が脳炎後遺症で障害を負うまでは地域で評判になるくらい仲がい

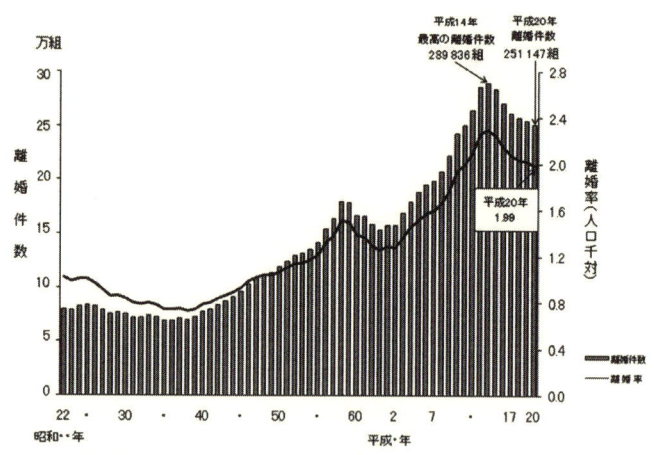

図11　離婚件数および離婚率の年次推移

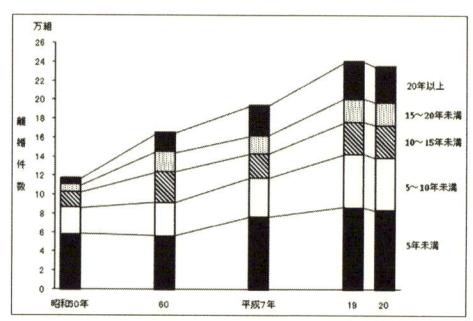

資料：厚生労働省調べ
図12　同居期間別離婚件数の年次推移

い家族だった。G子の障害で家族はバランスを崩し、社会から孤立してしまった。

　2つの事例に共通に見られる問題点は父親の存在である。C子の父親は子を残して去り、母親と離婚した。離婚した後、父親は連絡を絶っている。子らが生活に困っていることも知らない可能性がある。逆にG子の両親は、障害を負ったG子の教育は学校に任せておけないとホームエデュケーションを取り入れて社会との関係を遮断した。その結果、誰もが予想しないことが生じた。両親は離婚し、父親に引き取られたG子は父親の病気から要保護児童になったのだ。

離婚と要保護児童の問題は直接的には関係ない。離婚で単親世帯になっても要保護児童にならない子の方が圧倒的に多い。しかし、その親が病気や障害を負うと子らの養育ができなくなる。特に子らが学童期・思春期の場合、教育を受ける権利を誰がどのように保障するか緊急を要する。社会的養護の必要性は今後とも増加すると見込まれている。

　ちなみに2004年の離婚件数は27万815件で、前年度よりも1万3,039件少なかった。図12は08年の資料だが、同居期間別の離婚件数の年次推移を見ると、結婚して5年未満の離婚件数が増加していることがわかる。10年未満の離婚件数と合わせると全体の半分以上に達する。

　現在、さまざまな養育支援が各地で展開されている。国が子育ての総合的・具体的な施策として推し進めた新エンゼルプランは、保育所などの受け入れの拡大や延長保育などのさまざまなサービスの展開や多機能保育所など多様な子育て支援の方法を盛り込んでいる。また学童保育や児童館の増設など一人親への支援や地域の子育て能力を拡大し、それによって児童の健全育成を支援している。

(5) 自己同一性と家族危機

　佐々木正美によれば、「アイデンティティを自我同一性とか自己同一性と言い換える訳語は真実を含んでいる。見失うことのない同一の自己、「キレる」ことのない自分、言い換えると二重性や多重性のない一貫性のある自己という意味をもつ」[6]と指摘し、サリバァンの「精神障害はすべて人間関係の障害であり、精神医学における治療は人間関係の調整にほかならないものであり、精神医学は人間関係の学である」[7]という言葉を紹介している。

　また佐々木は、「職業や社会的責任・役割の模索や決断はアイデンティティの確認や自己実現のため基本的には避けて通ることはできない課題である」[8]と述べている。

　12事例でいうと、D子は、父親の多重債務の発覚から生活不安が生じてベランダから飛び降りると絶叫した。D子は「私はどうしたらいいかわからない」と悲痛な声をあげるが、まさに家族の存続の危機に直面して自己存在と自我同一性の危機状況にあったといえる。翌日、精神科病院に入院している。

その後、母親は母子自立支援施設に入って生活保護を受けて生活し、数カ月後にD子との生活が再開した。1年近く母子のつつましやかな生活が続いたある日、父親から手紙が届いて母親は父親と再会する。母親は父親の言葉を信じ家族としての再統合の日を夢見る。だがそれもつかの間、父親は再度の多重債務の後、遺書を残して消える。母親は入院して治療を受ける。
　母親も自我が壊れ、母親としての同一性の喪失を体験した。当然にD子も影響を受け、精神科に再度入院した。親子心中が心配された。家族としての自我同一性が保てないからである。自我同一性には個人レベルと家族レベルがある。精神科医師は「今度の入院は長くなるでしょう」と述べた。
　このように、精神医学は人間関係の学だ。つまり、父親・母親・D子は感情を一つにする家族システムのなかにいて互いの存在に影響を与え合っている。
　黒いゴミ袋を重ね着していたC子と弟を例に考えると、精神障害の母親と離れて暮らすことで母親の精神的な影響を受けずに健康な生活を送ることができるようになった。しかしこうした例は稀で、父親から性虐待を受けている姉とF子の家族や父親がアルコール依存で母親が売春をしていたJ子姉妹のように、親が変化を拒絶する例も少なくない。
　F子やJ子の親は、変化が自己存在を脅かし、家族が根底から崩れる恐怖を感じるのだろう。だから親は生活困難を抱えながらも現在に固執し、家族としての同一性（家族アイデンティティ）を保つために変化を拒否するのである。システムとしての家族は、メタレベルで自己のアイデンティティに影響を与えるからだ。
　M子は性の同一性についての葛藤を性転換手術で解決することを志向していた。だが両親は手術を拒否する。そこには両親にとっての家族の同一性の危機が観察される。のちに母親は闇でホルモン注射を打つ危険性に気づき、成人に達したときにM子の考えが変わらなかったら性転換手術を検討しようと約束する。母親は母親としての自己同一性のなかでM子の問題を考えることができるようになったのだ。
　児童・思春期の精神保健の問題を考えるうえで必要不可欠な視点はライフサイクル（人生周期）だ。人は年齢やライフサイクルで共通する課題（タスク）を抱える。人生の課題とはアイデンティティの確立、自己同一性の達成

表8　ライフサイクル展望図

	心理・社会的危機	重要な対人関係の範囲	関係深い社会的秩序	心理・社会的様式	心理・性的段階
乳児期	信頼／不信	母親的人物	宇宙的秩序	得る　お返しに与える	口愛―呼吸感覚―運動段階
幼児期前期	自律性／恥・疑感	親的な人物（複数）	法律と秩序	保持する　手放す	肛門―尿道段階　筋肉（貯留―排泄的様式）
幼児期後期	積極性／罪悪感	基本的家族	理想的な標準型	思い通りにする（追いかける）真似をする（遊ぶ）	幼児―性格歩行段階（侵入―包括的様式）
学童期	勤勉性生産性／劣等感	近隣　学校	テクノロジー的要素	物を作る（完成する）物を一緒に作る	潜伏期
思春期	アイデンティティ／その拡散	仲間集団と外集団　指導性のモデル	イデオロギー的展望	自分自身である（自分自身でない）ことそのことの共有	思春期
青年期　若い成人期	親密性と連帯／孤立	友情、性競争、協力の相手	協同と競争のパターン	他者のなかで自分を失う、発見する	性器期
壮年期	生殖性／自己吸収	分業と共同の家庭	教育と伝統の流れ	世話をする	
老年期	完全性統合性／絶望	人類　わが種族	知恵　美知	過去各種によって存在する、存在しなくなる事に直面する	

資料：E.H.エリクソン『自我同一性――アイデンティティとライフ・サイクル』小此木啓吾訳編、誠信書房、1973年、216ページ

だ。M子の母親のように、子の問題解決を通して親として成長して自己のアイデンティティを確立する例も決して少なくない。表8はエリクソンのライフサイクル展望図である。

　以上、家庭での精神保健の課題として、①児童虐待、②夫婦間暴力（DV）、③中・高年の自殺、④離婚と社会的養護、⑤自己同一性と家族危機、の5点を検討した。どの問題も深刻で暗澹たる思いを関係者に抱かせる。その暗澹たる思いの理由は、いずれも自分には全く関係ないと言い切れない、生活の延長線上に発生した問題だからだ。家庭の精神保健は地域・職場のメンタルヘルスの問題だけでなく教育現場にも大きな影響を与える要素として認識したい。

まとめ

　ここまで12事例を示し、(1) 学校の精神保健上の問題、(2) 児童期・思春期の精神保健上の問題、(3) 家庭の精神保健上の問題の観点での課題をそれぞれ5点ずつあげて検討した。そのプロセスで理解できた点は、どの問題も学校と家庭の両者にまたがる生活問題であり、さらに児童期・思春期独自の発達上の問題が交差している精神保健福祉学上の問題だという点だ。だから解決を志向するときには、生活と発達という両者の全体を俯瞰する大きな目と、児童・生徒の心の営みに着目した小さな目が求められることになる。

　ここで、スクールソーシャルワーカーとしてどのような解決スキルをもつ必要があるか、私論を述べよう。筆者は公立の教育と福祉の機関に合計20年以上いて、支援したケース数は1,000件以上にのぼる。そうした経験から述べると、児童・生徒を見る小さな目の役割は、スクールカウンセラーが心理士という立場で心理的サポートをおこなうことで果たすのがいいと思う。ほかに学校には養護教諭、特別支援教育コーディネーター、そして校長をはじめとして教育相談担当教諭や学年主任、担任などがいる。スクールカウンセラーは、そうした学校教育関係者と連絡をとって子どもの心に寄り添う専門家になるだろう。

　スクールソーシャルワーカーはカウンセラーよりも学校教育関係者により密着した立場に立ち、社会と家庭との調整をすることになる。ソーシャルワークそのものが個人と環境との調整であることを考えれば当然のことだが、家族と学校の両者にはたらきかけ、発達と生活の側面で解決を志向する。だからスクールソーシャルワーカーは、学校組織の人材（校長から担任、教育相談担当、特別支援教育コーディネーター、スクールカウンセラー、養護教諭、職員など）も重要な社会資源として位置づけ関係を構築しておく必要がある。図13は他職種との協働と多機関との連携だ。

　ちなみに日本社会福祉士養成協会のスクールソーシャルワーク教育課程に関する通知案（2008年11月）では、スクールソーシャルワーク専門の4科目を指定し教育内容を示している。4科目のなかの「スクールソーシャルワーク論」でワーカーが支援方法として身につける実践モデルとして生態学的理論、ストレングスモデル、エンパワーメントモデル、その他と示している。

単純計算すると通知案のなかで実践モデルの講義は6時間、演習時間は15時間だ。唯一実習が80時間となっていることが救いだ。

こうした時間配分からスクールソーシャルワーカーの支援内容を考えると、ワーカー自らが支援の主体になるのではなく、専門機関につなぐことが役割であるように見える。つまり、教育と福祉をつなぐマネージャーとしての役割が主たる業務になるだろう。そうだとするのなら、例えば特別支援教育コーディネーター、教育相談担当教諭、養護教諭とどこが違うのかという問題が出てくる。学校での位置や役割、責務、専門性における差異は何か、である。

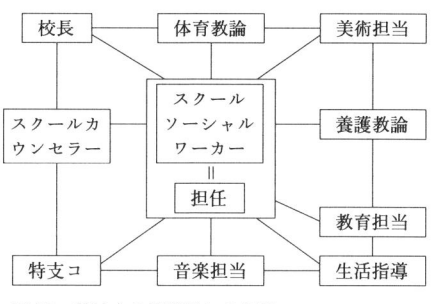

図13　学校内の他職種との協働

特別支援教育コーディネーターは特別支援教育に関して教育訓練を受けた教諭でその専門性は高い。教育相談担当教諭は長く学校教育現場にいて学校のことをよく知り、地域についても精通して社会資源の知識ももっている。養護教諭は心身の健康保健についての知識にすぐれ、児童期・思春期への対応経験も豊富だ。さらに特別支援教室や情緒障害児教室が併設された学校であり、スクールカウンセラーの常勤校であればなおのこと、スクールソーシャルワーカーの専門性は何かが問われることになる。

いまや学校教育現場は、専門知識を研修や訓練で習得した教諭が相当数いる専門家集団になっているし、実際に経験豊富な人材の宝庫と化している学校も数多く存在する。スクールソーシャルワーカーの資格制度の検討を開始した20年前とは随分と様変わりしているのだ。さまざまな制度もできたし教諭自身も変わった。ただ、そうした制度も十全ではないし、教諭の体制も万全ではないので、隙間から落ちこぼれる子らの問題は現にあるし、増加傾向を示しているのも事実である。

つまり、学校福祉のニーズはある。ただそれはスクールソーシャルワーカーが他職種や多機関と協働や連携の調整をしさえすれば解決できる、というものでは決してない。児童・生徒の抱える問題や保護者が訴える問題の構図を見極めてこそ、解決の優先順位から校内の他職種との協働や多機関との連

第5章　事例別スクールソーシャルワークの実践方法 ── 145

携の選定までが判断できるのであって、最初に協働や連携があるのではない。

　スクールソーシャルワーカーは自らの専門性を高め、一方で他職種との協働や多機関との連携を志向し、チームとして児童・生徒とその家族の自立を支援できるように独自性を身につけ、学校の精神保健の専門家にならなければならない。

　次にスクールソーシャルワークの実践方法について論じる。

7 スクールソーシャルワークの実践方法

　ここからは筆者の実践モデルを述べよう。実践モデルを一つ習得するには10年という歳月と200件以上の対応経験が必要だといわれている。しかし何事も最初の一歩から始めるしかない。筆者が示す実践モデルは、①生態学モデル、②ストレングスモデル、③エンパワーメントモデル、④ナラティブモデル、⑤家族描画・家族粘土処方、だ。ここでは紙幅の関係で概略にとどめるが、12事例の進行から説明を加えよう。

(1) 生態学モデル

　生態学モデル（エコロジカルモデル）とは社会福祉実践方法の中核となる援助方法で1960年から70年にかけてアメリカのカレル・B・ジャーメインやA・ギッターマンによって体系化された。個人と環境の相互作用にはたらきかける生態学モデルは1980年から90年になり家族療法や短期療法として発展し、広く福祉現場で用いられるようになった。

　筆者は約30年前、それらの認識論と援助方法がわが国に導入されたとき教育訓練を受け、教育と福祉の現場でこの支援方法を展開し、実際に問題解決技法として有効であることを論証してきた。しかしながら筆者も、10年という歳月と200件以上の実践経験を積むまでは悪戦苦闘の日々だった。筆者の援助の核となった家族療法と短期療法を説明しよう。

①家族療法

　まず生態学モデルのなかの中心的な援助技法である家族療法について述べ

る。家族療法は1950年代後半にアメリカの精神科医や科学者、人類学者らの叡智を結集して編み出された精神療法の一形態だ。わが国には80年代に導入され、精神科領域で支援が展開された。欧米では福祉実践モデルとして広く展開をみたが、わが国ではその理論の難解さや実践方法の専門性が高いことから、一般的な支援方法として広まっているとはいまだに言い難い。ようやく近年になって教育や福祉の現場からの研究報告が増えてきている。

家族療法の特徴は、問題解決は人と環境との相互システムのなかに発見できるとする援助理論を基礎に、家族を一つの単位として解決システムにはたらきかける点である。12事例ではK子の事例である。K子は自殺企図をして入院したが、筆者らは入院先の病院の精神科の医師とスタッフとともにK子の家族に家族療法を数回、実施している。内容は危機対応、両親関係の改善、母親とK子の個人の未解決の問題の解決である。

概略を述べると、私たちはK子の自殺企図は両親の関係に端を発しているのではないかという仮説を立てていた。仮説を検証するプロセスで次第に両親の関係が明らかになった。母親は出世をあきらめた父親を許せないでいた。一方、父親は出世をあきらめ、K子に夢を託し、K子に自分を重ね、自分とK子の自我の境界を見失いかけていた。その言語化のプロセスから両親は関係を修復させ、K子は家に戻ることができるようになった。

K子の事例は、一般的には高校進学の受験ストレスからくる自殺企図と解釈されるだろう。確かにその状況は大きな因子だが、それだけではK子が自殺企図したことの十分な説明にならない。なぜなら、同じ状況でもほかの生徒は自殺企図をしていないからである。すなわち、K子を取り巻く環境としての家族の関係を変化させることがK子の問題解決に必須で、逆にK子は家族の問題解決を求めていたからこそ自殺企図をしたといえるのである。その考え方は、認識論的な変換を家族と学校に与えることになる。

②短期療法

短期療法はブリーフセラピーと呼ばれる。家族療法などの生態学的認識論を発展させ、さらに洗練させた援助モデルだ。その基礎概念は、社会構成主義でいう「人は現実（社会）をことばで構成する」である。すなわち、「現実は相互作用で構築されたシステムにすぎないので問題システムから脱すれ

ば解決できる」と考える。12事例ではＡ男の事例が該当する。

　母親はＡ男が登校しないのは、学校でいじめられるからだと訴え出た。主訴は「不登校」だ。筆者らは父親の協力を得て不登校を解決した。しかしすぐに、Ａ男は再び不登校に陥る。家族はこの時点で3番目の妹の問題に直面する。家族はそこから立ち上がって三女の療育を開始し、同時にＡ男と妹の進路変更をおこなう。父親は葛藤を自己処理して、家族は問題そのものから解放される。解決までの面接回数は10回に満たない。

　短期療法は従来の長期の心理療法に対抗して開発された洗練された支援方法で、面接回数10回以内で終了することを目指す。面接過程で治療同盟（学校・家庭・支援者）を構築して短期に解決を目指す方法で、現在わが国でも教育領域などで次第に広まりつつある。

　ただ短期療法は主訴を扱い背後の深い問題にはタッチしないので、例えば父親が多重債務のＤ子の事例や、生活保護の不正受給が疑われるＥ子の事例、父親からの性虐待のＦ子の事例の解決には適さない。つまり、生活問題が重篤な事例には適さない。

　Ａ男の事例では主訴を扱うことで家族の解決システムを活性化し、家族の自己組織化を促した。その結果、家族は新しい可能性を手に入れ新しい生活を開始した。短期療法では解決の専門家は家族であり、支援者は家族の営みに参加し協力するという立場をとる。

(2) ストレングスモデル

　ストレングスモデルは子と家族がいままで生きてきた強さに着目して、子と家族の経験や才能や個性を尊重し強さを拡大し問題解決していく、社会福祉では最も汎用されている実践モデルである。さらに、問題解決に向けて子と家族の自己決定を支える点も特徴である。一方でストレングスモデルは、学校と地域のもつ強みを発見し、創造し、拡大し、問題解決のために変化を促すという積極的な接近方法でもある。

　12事例でいえば、ゴミ袋を重ね着したＣ子家族にこの方法を筆者は用いている。母親は精神障害の治療を受けながら、必死に2人の子を養育してきた。父親からの送金がなくなり電気もガスも水道も止められても、薪を集めて七輪でパンのようなものを焼いて飢えをしのいできた。公園の水で体を洗

い、トイレも使用していた。母親のおこないは適切とは言い難いが、親として必死に子らを守ろうとした気概は立派で、それは家族の強みである。

母親は放浪のすえ現金がなくなり、1日半も食事がとれなくなった段階で子を連れて福祉機関を訪ねた。母子は寒さから身を守るためゴミ袋を重ね着していた。そのような困窮した生活であっても母子は多くを語らず、誰も怨まず、誰も憎まず、自分の力でなんとかしようと頑張ってきた。

筆者らは母子の強さに尊敬の念を抱いた。「よく頑張ってきましたね。これからは私どももお母さんのお手伝いをさせてください」と母親に申し出た。そして子らに「お母さんを支えてよく頑張ってきたね。これからは一緒にお母さんを支えようね」と話した。母子はほっとした顔をして食事をとり、シャワーを浴びた。

筆者らが母親に精神科治療の必要を話すと、入院して治療を受けることを母親は快諾した。子どもたちも同じ児童養護施設に入所し、母親の回復を待った。のちに母親は退院して子らを引き取り、生活保護を受給して自立生活を達成した。母子の強さを支えた好例である。

(3) エンパワーメントモデル

社会福祉の援助課程はエンパワーメントなしに語れない時代になった。周知のとおり、ソーシャルワークでエンパワーメントの概念を初めて取り上げたのはB・ソロモンの著書『黒人のエンパワーメント』(1976年) だ。エンパワーメントとはクライアントのパワーの回復を図っていくことだ。その後、1980年代から90年代にかけてアメリカのB・ディボアとK・マイリーらによってソーシャルワーク理論の中核と位置づけられるようになった。この支援方法は生態学的認識論に水脈を発し環境へのはたらきかけを主な柱とするが、前述のストレングスモデルの上位概念に位置する。

12事例ではM子のケースが該当する。M子は自分の性の属性に違和感を抱いていた。ネットなどで情報を集め、いずれ性転換手術をしようと決心し、準備のためにホルモン注射を打っていた。筆者の元を訪れたとき、M子に迷いはなかった。筆者はM子のありのままを受け入れた。そして現実的に家族と学校生活で困っていることへの対応を話し合った。ただ、医療機関ではない場所で医師の資格がない者からホルモン注射を受けるのだけは危険だ

から、即刻やめるように話した。

　困っていたのは両親だった。親だからこそ受け止められないことがある。母親はうろたえ、父親は拒絶した。筆者は母親に「M子さんはお母さんからもらった命をM子さんらしく花咲かせたいと思っている。その咲かせ方がお母さんのイメージとは違うだけ。M子さんの存在を否定しないで。性の問題はM子さんの一部で全部ではない。全部を否定したらM子さんは生きていけない」と話す。そして闇でホルモンの注射を打つことの危険性を話した。母親はのちに、「M子の意思が変わらないのなら性転換手術の件は成人に達してから検討する。M子には生き続けていてほしいと思う」と電話してきた。

　一般的にエンパワーメントは「抑圧された人への力の付与」と考えられている。M子の場合、M子を支えることがエンパワーメントと捉えることが一般的だが、エンパワーメントの対象は本人だけではない。M子の場合は、両親こそが力を付与されなければならない対象であった。子への認識を変化させる親側のエネルギーは膨大だ。母親を支えることが結果的に子の自己実現を支えることになる。このことを教えてくれた好例である。

(4) 社会構成主義とナラティブモデル

　このモデルは、第6章で鵜飼彩子が事例を用いて述べているので、ここでは概略にとどめる。

　ちなみに、社会構成主義とは「体験を通して物事を認識する」「ことばが世界を構成する」とした認識論で、認識主体としての個人を強調する。ナラティブモデルとは、社会構成主義の実践モデルとして開発され近年最も期待されている実践理論だ。欧米では社会福祉の現場で汎用されているが、わが国では医療・教育・福祉の現場で応用され始めている。同じく生態学的認識論の水脈上にあり、子どもの問題の外在化処方で知られている。

　ナラティブモデルは当事者（主訴を持ち込んだ人と家族）こそが解決の専門家だと捉えて、解決の資源を人と家族に見出そうとする。家族はその生活体験から独特の価値観を抱き、独自の物語（ストーリー）を作っている。それがときに問題そのものを構成していることがある。だから、問題を構成している物語の変化を促せば家族は新しい物語を手に入れて語り（ナラティブ）

を始める、と考える。12事例では、3人の「ムーニーマン」のH子と場面緘黙のJ子にナラティブモデルの外在化処方をおこなっている。

　H子の場合は、遺尿に名前をつけて遺尿の退治を促している。J子と妹には、場面緘黙の症状に名前をつけて緘黙からの脱出を試みている。H子らは「ムーニーマン」、J子らは「えへん虫」と名前をつけて退治する絵を面接のたびに描かせている。退治する絵は、問題とされる行動を家族の問題から切り離すことで「子が問題」という認識から子も家族も解放されることを企図している。この方法は外在化処方と呼ばれる。

　H子の場合、「ムーニーマン」の退治ははかどらなかった。姉妹は紙おむつを嬉々として着用していた。面接室のなかでも3歳児のように跳ね回り、遊具をひっかき回した。遅々としてはかどらない「ムーニーマン」退治に金切り声をあげたのは母親だった。母親は父親を連れてきた。父親はその日から紙おむつを取り、翌日から子らを登校させた。H子らの「ムーニーマン」は、あたかも父親の劇的登場を企図していたかのようだった。

　J子の「えへん虫」の退治には慎重に取り組んだ。J子の家庭生活上の困難は簡単には改善できないことが当初から把握できていた。J子の妹は「えへん虫」の退治後、小学校入学とともに友達と交流をもてるようになって、言葉も話すようになっていった。J子は担任とも同級生とも話をしない。長女であるJ子は母親の状態を心配していたのだろう。筆者らが関係を絶たないで家族の今後を見守ってほしいというJ子の願いが「話さない」という行為に表れているように思えた。

　外在化処方は子どもの問題を家族から切り離して、子どもの問題と家族の問題を分けて考える機会を提供する。H子の場合は母親が父親を呼び寄せたことで、遺尿と不登校から解放された。J子の場合、妹は家族の問題から距離をとることができたが、J子は距離をとれないことを明確にした。J子は、筆者らに引き続き家族の動向に注目していてほしいと訴えているようだった。このように外在化処方は家族の問題を解決する指針を示すが、それはときに支援者側へのメッセージである場合も多い。

(5) 家族描画・家族粘土処方

　ここでいう家族描画・家族粘土処方は、社会構成主義に基づくナラティブ

モデルの外在化を中心にアートを用いておこなう処方（アートセラピー）をさす。筆者はこの処方を、アメリカのシャイリー・ライリーがわが国に教育訓練に訪れた約25年前に習得した。

　筆者はライリーの「処方で失敗ということはない。それがうまくいかなかったという情報を得られただけ。新たな方法を探るだけのこと」という言葉が忘れられない。駆け出しの単独の支援者だった筆者は、ライリーのこの言葉にどれだけ助けられただろう。12事例のうち描画はA男の事例、粘土はF子の事例でおこなっている。

　A男は家族画で夕食の場面を描いた。そこには妹が3人描かれていた。妹は2人では？と質問する筆者に、両親は「A男の間違いです」と答えた。筆者はそのときの家族の狼狽を見逃していない。

　筆者らは、家族がその問題に直面するには機が熟していないと判断する。そして1ヵ月後、A男の2回目の不登校によって、両親は障害をもつ三女の存在を告白する。A男は家族画（動的家族画）を通して家族の問題解決の方向性を示していた。その証拠に、A男と一家はその後は生き生きとした生活を送るようになったのである。

　F子の場合は、父親が「手を踏みつける足」という粘土制作物を作成した。父親のダブルバインド（二重拘束）な生活状態を象徴していると筆者らは感じた。粘土は、父親が家族を愛する一方で虐待（人権侵害）しているという生活を語っている。事実、担任がF子の姉に自由に絵を描かせると、姉は男性性器のようなものを描き、その上から赤いクレヨンで塗りつぶしている。姉にも、また母親にもダブルバインドは観察された。

　その後、F子一家は夜逃げして行方をくらませた。私たちは大変なショックを受けたが、しかし見方によっては一家心中のような甚大な破壊行為から父親が家族を守ったといえなくもない。なお、F子の粘土制作「F子ワールド」は未完のまま終わった。筆者らはF子がどこかで「F子ワールド」を完成させてほしいと願った。生き続けていればこそ、その可能性も残される。

　　　＊

　以上、5つの援助方法の概略を述べた。ここで、前述した主訴・症状・問

題の構図をもう一度思い出してほしい。主訴・症状・問題は見立て・手立て・見通しを立てるために把握していなければならない前提条件だ。しかしながら、スクールソーシャルワーカーはその立場上、主訴として持ち込まれる前に症状や問題に出合うだろう。ちょうどJ子姉妹の場面緘黙のように。緘黙それ自体は問題ではないが、背景に家庭生活上の何らかの問題があると判断した進路指導の関係者は母親に相談を勧めた。このように、親が問題を認識する前にワーカーが問題に出合うこともある。

ほかにもこんな例がある。

①ある養護教諭は、女子生徒が家庭内で父親からの性虐待を受けていると確信した。母親を呼んで生活状況を聞くと、夫婦関係が悪く、女子と父親が別室で一緒に寝ている情報を得た。女子を呼び、性虐待の事実を確認した。養護教諭は校長ら関係者の会議をもった。しかし会議では、しばらく様子を見ると決まった。理由は証拠として不十分というものだった。関係者には性虐待への対応の経験がなかった。

②あるスクールカウンセラーは、女子生徒が出会い系サイトで売春していることを知った。カウンセラーは校長の許可をとって両親を呼んで面接をした。両親は女子生徒が売春などするわけがない、本人もしていないと言っている、と怒鳴った。両親は社会的地位が高かった。校長は両親に謝罪し、カウンセラーは契約を打ち切られた。

③ある男子生徒は注意欠陥多動性障害だった。有名私立校に在籍し成績は優秀だったが、男子はいじめにあい不登校だった。両親はいじめた子の親と学校に責任があると訴えた。男子は家庭内では明るく生活していた。学校側は問題が男子と両親にあると訴えた。特別支援教育コーディネーターは板挟みにあい、3者は膠着状態に陥った。そして出席日数が足りず男子は転校せざるをえなくなった。

J子の事例は、症状があって将来の問題の発生が予測されたので関係者が両親を呼び相談に結び付けた。したがって、主訴「場面緘黙」は最後に出てきた。①の事例は症状が学校で出て問題が発見されたが、親は家庭内での症状に気づかず問題解決の必要性を感じなかった。主訴は養護教諭が感じ、外部にスーパービジョンとして出した。②の事例はスクールカウンセラーが女

子生徒の売春を問題と感じて両親を呼んで話したが、両親は問題を否認し学校も問題を否認した。主訴・症状・問題そのものの否定だけでなく、その後にスクールカウンセラーの存在も否認された。③の注意欠陥多動性障害の事例の主訴は「いじめによる不登校」だが、問題をめぐって学校側と両親とが真っ向から対立し、男子の症状である「学校生活のしづらさ」は無視され放置された。

　上記3事例のどこに問題があったかを検討すると、①は主訴を養護教諭が児童相談所に持ち込まなくてはならなかった事例だったこと、②は症状に捉われて問題は親にある点に気づかず、扱いの慎重さを欠いたこと、③は問題そのものを校内で扱う是非の検討が不十分だった点にある。つまり、教育現場では明確に主訴・症状・問題に出合うことは難しいので、優先順位の見極めが大変に困難な場合が多いという点である。

　まして学校内に相談室も確保できるかどうかわからない状態のなかで、スクールソーシャルワーカーが相談援助をすることは混沌のなかに身をさらすことであり、上記の養護教諭やスクールカウンセラーやコーディネーターのように問題そのものに巻き込まれ、自らの存在を危うくする恐れもなくはない。だからスクールソーシャルワーカーの独自性と専門性の確立がぜひとも必要で、問題の見立てと手立てと見通しを立てるために主訴・症状・問題をきちんと把握できる能力を涵養し、学校の精神保健福祉の実践者として自己の同一性を確立していく努力が必要なのである。

8　全体のまとめ

　経験が浅いワーカーであれば、文献などの事例研究から教育現場の現実を学んでいくだろう。しかし、事例研究は主訴・症状・問題が記述者によって整理された後の面接経過の研究だ。つまり記述者が支援過程で理解し難さを経験し、"困った感"を整理する必要性を感じたので事例研究をしているのだ。

　だから、事例研究を数多く読んで教育問題をわかったつもりでいても、現実の主訴・症状がどのように構成されて問題を形成しているか、また見立

て・手立て・見通しをどのように連結するかということとは理解の次元が異なるのである。事例は現実のほんの一部であって記述されない背後の現実の方が圧倒的に多いし、現実は常に混沌としている。

　スクールソーシャルワーカーはそのような教育現場の現実に圧倒され、何が主訴・症状で何が問題かもわからず、どうやって見立て・手立て・見通しをもつかもわからない状態に陥りやすい立場に立たされる可能性が高いだろう。

　だから他職種との協働や多機関との連携が叫ばれるのだが、だからといってスクールソーシャルワーカーが実践理論や支援技術をもたなくていいということではない。協働や連携はスクールソーシャルワーカーの専門職としての専門性や独自性がはっきりと自覚できて自己同一性が確立されてこそ意味をもつし、意義をもつからである。

　教育現場は見えない法則によって動かされている。特に学校という枠組みはそれ自体が独特の世界を形成している。校長をトップとした強固な階層性が構築されているのが一般的だ。しかし学校は地域と保護者からの影響に弱く、また校長が代われば全く異なる次元のシステムが生まれてくることも珍しくない。そうした現場で働くスクールソーシャルワーカーは何をよりどころにクライアントとの関係を構築し、自己の存在理由を見出せばいいのだろうか。スクールソーシャルワーカーの専門性と独自性をまとめると以下のようになる。

スクールソーシャルワーカーの専門性と独自性

　家族の問題が子の問題行動の形成に関与していることは、事例やデータの分析を待つまでもなく自明のことである。再度述べるが、子の問題は親の未解決な問題を刺激して、潜在的な問題解決の欲求を顕在化させる側面がある。言い換えれば、子の側にも親の問題を解決してほしいという欲求が存在しているといえる。

　児童・生徒の精神保健福祉学的な問題の構図は、循環性と階層性を含んでいる。だから支援は、問題になる枠組みの変化に見合った技術の選択が重要なポイントになる。

　現行の支援の誤りを述べれば、1つには主訴や症状にとらわれて偽解決のパターンにはまりやすい点だ。解決方法が新たな問題を発生させる悪循環が

枠組み	目的	技法
子の問題	主訴と症状の解消	解決指向型短期療法・家族療法 認知行動療法・遊戯療法・生態学モデル ファミリーアートセラピー
家族の問題	家族システムの改善 両親システムの改善	家族療法・夫婦療法・親心理教育 ゲシュタルト心理療法・描画処方・粘土処方 フォーカシング・ナラティブモデル
個人の問題	個人の未解決な問題 心的外傷体験など	精神療法・交流分析・エンパワーメント 実存的心理療法・ストレングスモデル サイコシンセシス・芸術療法

図14 問題の枠組みと援助技法の関係

観察される。そのパターンはH子やI男の母親で顕著に観察されるが、問題の先送りが新たなより深刻な問題を発生させているのだ。そのような偽解決をスクールソーシャルワーカーはしてはならない。

　支援の誤りの2つ目は、支援者側がもつ「子や家族が主体的になるまで待つ」という解決のスタイルにある。この認識は、子や家族に支援者が翻弄される原因にもなる。例えば両親の間で弟の争奪戦が繰り広げられていたB子の事例、性虐待が疑われたF子の事例は援助の緊急性と必要性が非常に高い。子や家族の主体性を待っていられない事例もあることを認識したい。

　支援の誤りの3つ目は、支援者が単一の理論と技法で対応しようとすることにある。子どもの問題は、錯綜した時代の影響を受けている。支援者がもっている実践理論や技法に対象者を当てはめるのではなく、問題の特性に合わせて支援技術は選択されるべきである。例えば福祉の領域ではストレングスモデルないしエンパワーメントモデルが有効とされるが、その方法はすべての支援プロセスで効果を発揮するとは限らない。図14は面接の進行に伴って使用する支援技術を一覧にしたものだ。スクールソーシャルワーカーも単一の理論と技法の限界を知らなければならない。

　このように支援の進行で支援方法が変化する。それは支援内容が変化していることに呼応して支援方法も変化するからだ。支援の前半では、主訴や症状の解消に焦点化した介入技法が用いられる。中盤では家族・両親システム改善のための介入技法が用いられる。後半では、親の未解決な問題の解決に焦点化した技法が選択される。以上が筆者の考える子どもの問題の対処方法で、有効と思われる支援方法を駆使する構図を特徴とする。

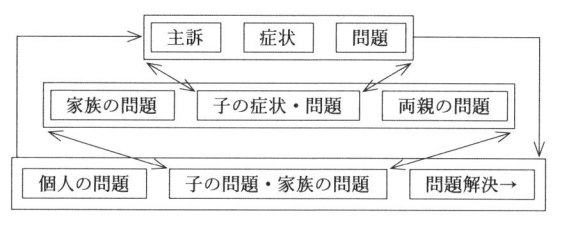

```
┌─────────────────────────────────────────────┐
│         ┌──────┐ ┌──────┐ ┌──────┐          │
│    ┌───→│ 主訴 │ │ 症状 │ │ 問題 │←───┐     │
│    │    └──────┘ └──────┘ └──────┘    │     │
│    │  ┌────────┐┌──────────┐┌────────┐│     │
│    │  │家族の問題││子の症状・問題││両親の問題││     │
│    │  └────────┘└──────────┘└────────┘│     │
│  ┌─┴──────┐┌──────────────┐┌─────────┴─┐   │
│  │個人の問題││子の問題・家族の問題││問題解決→ │   │
│  └────────┘└──────────────┘└───────────┘   │
└─────────────────────────────────────────────┘
```

図15　問題の構図

　なお、支援は主訴と症状と問題が混合して現場に持ち込まれることが多いため、上記の実践モデルは目安として記述しているだけで、実際は複数の実践モデルを並行して用いることになる。解決志向型短期療法を家族に用いながら、子どもにはストレングスモデルで支持し、問題を外在化するためにナラティブモデルを描画処方でおこない、家族の解決力を引き出すなどである。

　ここで問題の構図を一般生物体システム理論で説明すると、下位システムである親の問題は上位システムの家族の問題と子の問題を飲み込んで維持されている。下にいくほどシステムは安定するし、システム自身が恒常性をもつので、上位システムの主訴や症状を取り去っても、すぐにそれに代わる何かを持ち込む。すなわち再発だ。A男の事例やD子の事例を見ても明らかなように、子どもの問題には再帰性がある。

　だから支援は、子の主訴と症状に関わると同時に家族システムと個人の未解決な問題に関わりながら進行していく必要がある。例えばB子の事例のように、である。この構図は現代の子どもの精神保健福祉学上の問題を理解し支援を計画するうえで有効である。スクールソーシャルワーカーもこの点をまず認識したい。

　本章では、12事例の面接の経過から、現代の学校での問題に対する精神保健福祉学上の支援方法を検討した。問題は主訴・症状と循環的・相補的な関係にあり、発生順位による階層性をもつ。必要なことは、問題の枠組みの変化に見合った介入方法の選択だ。スクールソーシャルワークの支援方法を検討する際、多様な支援方法を適宜使い分ける技量を身につけたいものだ。そのうえで、他職種や多機関との協働や連携を模索したい。

　スクールソーシャルワークでは、他職種との協働や多機関との連携は必須である。しかし、協働や連携が学校の精神保健福祉の問題を解決するのでは

ない。問題の構図に必要な支援を組み合わせる大きな目をもつ人物が、手を差し伸べて必要な資源を手に入れ、解決を引き寄せるのである。それはときに、スクールソーシャルワーカー自身の生活と発達のすべてをかけて問題に対峙する勇気を要求することもある。

あたかもそれは、冒頭の小児科医師である父親の行動のようだ。父親は子どもの不登校を解決するために母親の協力を取り付け、学校に出向いて担任らの支援を求め、職場の理解を得て解決を実行した。父親の潔さに周囲も協力を惜しまなかった。その父親の勇気と問題解決の姿勢にこそ、スクールソーシャルワーカーは学ばなければならない。

注

(1) 森岡正芳「自傷行為——特集にあたって（特集　自傷行為への対応と援助）」「臨床心理学」2008年7月号、金剛出版、477ページ
(2) 同論文479ページ
(3) 松本俊彦「自傷のアセスメント」、同誌482ページ
(4) 同論文
(5)「直接的および間接的な自己破壊的行動」（Walsh & Rosen：1998)、前掲「自傷のアセスメント」484ページ
(6) 佐々木正美「思春期における精神保健」、日本精神保健福祉士養成校協会編『精神保健学』（「新・精神保健福祉士養講座」第2巻）所収、中央法規出版、2009年、37ページ
(7) 同論文38ページ
(8) 同論文44ページ

参考文献

石川瞭子「現代の子どもの情緒的な問題行動の問題と解決の構図——主訴・症状・問題の発生と解消を不登校三事例から分析する」、日本家族心理学会家族心理学研究編集部「家族心理学研究」第12巻第1号、日本家族心理学会、1998年、27-40ページ

石川瞭子「思春期の精神保健対策」、日本精神保健福祉士養成協会編『精神保健学』（「新・精神保健福祉士養成講座」第2巻）所収、中央法規出版、2008年、153-164ページ

石川瞭子「家庭における精神保健3」、同書所収、188-202ページ
石川瞭子「学校における精神保健」、同書所収、203-218ページ
石川瞭子「子どもの性虐待の防止の可能性」「医学のあゆみ」第217巻第10号、医歯薬出版、2006年、956-969ページ
石川瞭子「家族面接記録法「note-system」の提案——即興的でシステミックな治療を組織し構成する記録表の提案」、日本家族研究・家族療法学会編「家族療法研究」第14巻第2号、金剛出版、126-133ページ、1997年
石川瞭子「不登校問題の理解の多様化と混迷をめぐって——不登校の社会福祉学的研究」博士論文、日本社会事業大学、1998年、210ページ
石川瞭子「福祉の面接記録法の開発に関する研究——家族援助を中心に」修士論文、日本社会事業大学、1996年、101ページ
石川元『スペクトラムとしての軽度発達障害Ⅱ』(現代のエスプリ)、至文堂、2007年
大神英裕『発達障害の早期支援——研究と実践を紡ぐ新しい地域連携』ミネルヴァ書房、2008年
亀口憲治『現代家族への臨床的接近——家族療法に新しい地平をひらく』ミネルヴァ書房、1997年
河野貴代美／杉本喜代栄編『新しいソーシャルワーク入門——ジェンダー、人権、グローバル化』学陽書房、2003年
キャシー・マルキオディ『被虐待児のアートセラピー——絵からきこえる子どものメッセージ』角山富雄／田中勝博監訳、白川美也子／高田円／田中勝博／妹尾洋之訳、金剛出版、2002年
佐々木正美「ライフサイクルにおける精神保健」、前掲『精神保健学』所収、23-71ページ
佐々木正美『児童精神科医が語る——響きあう心を育てたい』岩崎学術出版社、2001年
日本社会福祉士養成協会「スクール(学校)ソーシャルワーク教育課程認定事業に関する規定」(案) 資料:1、2008年11月8日、1ページ
清水誠／牛田憲正「小児期発症の摂食障害とその関連疾患」、前掲「医学のあゆみ」第217巻第10号、953-958ページ
司馬理革子「ADHDとLD——軽度発達障害への気づきが子どもの健全な成長を促す」、同誌959-964ページ
宮田敬一編『学校におけるブリーフセラピー』金剛出版、1998年
S・マクナミー／K・J・ガーゲン編『ナラティブ・セラピー——社会構成主義の実践』野口裕二／野村直樹訳、金剛出版、1997年

遊佐安一郎『家族療法入門——システムズアプローチの理論と実際』星和書店、1984年

シャーリー・ライリー『ファミリーアートセラピー』鈴木恵／菊池安希子監訳、金剛出版、2007年

Nichols.P, *The Self in the System*「家族療法におけるセルフの再発見」佐藤悦子訳、日本家族研究・家族療法学会編「家族療法研究」第12巻第3号、金剛出版、1995年、278-281ページ

吉川悟編『システム論からみた学校臨床』金剛出版、1999年

マイケル・ホワイト／デビット・エプストン『物語としての家族』小森康永訳、金剛出版、1992年

第6章

学校の精神保健での
ナラティブアプローチの提案

鵜飼彩子

はじめに——ナラティブアプローチとは

　本章は学校の精神保健福祉の新しい支援方法の一つとしてナラティブアプローチを提案することを目的とする。その際、事例をあげて面接調査と現地調査から不登校の解決のなかで家族の語りがどのように変化し、その変化が家族と関わりのある地域社会（調査をおこなった地区の家族の自宅・学校・父親の職場をさす）の語りとどう関係しているのかを検討する。本章ではまずナラティブアプローチの概念について簡単に述べ、次に不登校事例をあげてナラティブアプローチの有効性について考察する。
　まず「ナラティブアプローチ」の概念を次の表1にまとめた。
「ナラティブ」は文学領域での表現だったが、その後、哲学や文化人類学で注目されるようになり、1980年代後半からは精神医療や家族療法に援用され、マイケル・ホワイトとデビット・エプストンによってソーシャルワークの臨床領域にも援用されるようになった。[1]
　彼らの考えは「問題が問題であり、人や人間関係が問題ではない」だ。ナラティブアプローチでは、システムの相互関係のなかで問題がいかに定義づけられるかが問題であり、あるシステムに問題を求めるものではない。そして、その問題は言葉や語りや会話を媒介としていると認識する。この場合、言葉が現実をつくっており、援助者もシステムの一部となって内部から現実を理解している。
　このことからナラティブアプローチとは、さまざまな人々との関係を成り立たせている「言葉」や「語り」、それがおりなす「ストーリー」に注目することで新しいストーリーを見出し、変化を見出していくことをさす。人々

表1　ナラティブアプローチの概念

①問題が問題であり、人や人間関係が問題ではない
②問題はことばや語り、会話を媒介としている
③ことばが現実をつくり、援助者もシステムの一部となって内部から現実を理解している
④援助は、「ことば」「語り」「ストーリー」に注目することで新しいストーリーを見出し、変化を見出していくこと

との対話を通して、いままで個々人がもっていた現実世界に広がりを与え、多様な認識をもつための支援だ。

1 ナラティブアプローチの実践モデル

ナラティブアプローチには3つの学派があるとされている。①ホワイトとエプストンのナラティブモデル[2]、②ハロルド・グーリシャンとハーレーン・アンダーソンの会話モデル[3]、③トム・アンデルセンのリフレクティング・チームだ[4]。ここでは①のホワイトらの実践モデルを紹介する。

彼らの臨床の前提には、人々は各自が作るさまざまなストーリーをもっているとする解釈がある。自己が作る物語というのは、人生の途上で起こったさまざまな出来事のなかから特に意味あるものだけを拾い出し、それに脈絡をつけてまとめ上げている。だから「生きられた経験」のすべてが汲みつくされているのではない。人はストーリーすべてを語らないし、多くの経験を排除している。また、ストーリーによる現実の構成はそのストーリーが他者に受け入れられることによって初めて効力をもつため、その筋立てや語り方や語彙などは他者から受け入れられやすいものになりがちである。この他者の好みに合わせるような形で語られる自己物語をホワイトらは「ドミナントストーリー」と呼ぶ[5]。

ドミナントストーリーは他者や社会の側にとって意味のある出来事・経験にばかり光を当てているため、本人にとって重要な出来事はしばしばストーリーの外に取り残されて語られないままになりがちになる。人々が「問題」と捉えているのは実は、客観的な問題ではなく「困惑」している状況を「問題」と捉えているのだ。ホワイトらは家族状況や個人の物語に「染み込んで

いる」このような状況に焦点を当てた。

　援助とはドミナントストーリーにとらわれることなく、それに代わるオルタナティブストーリーの生成によって、人生の「改訂」をしていくプロセスへの支援と彼らは考えた。ドミナントストーリーからオルタナティブストーリーに書き換えるプロセスを彼らはナラティブアプローチの目的とし、以下の4つの段階をあげている。

①問題の外在化

　クライエントと困惑している状況や問題を解決し損なった体験を作っている物語を分けるために、問題を「外在化」する。つまり、問題を本人から引き離して客観化し、問題をあたかも家族や個人の外にある全く別の存在のように表現するのだ。あるいは問題自体がそれ自身の意志をもった別個の存在であり、それが家族や個人を支配していたように見るのである。

②相対化

　そして問題が外在化されると次に支援者は、個人と問題との関わりについて質問していく。「その問題は、あなたの生活にどんな影響を与えていますか?」などの質問が一つの例だ。これを「影響相対化質問」とホワイトらは呼んでいる。この質問をクライエントの生活の変化や語りの変化を促すのと同時にこの問題を展開することによって、クライエントは問題を分離させ、問題との関わりを客観的に考え始めるようになる。

③ユニークな結果

　問題が外在化され、相対化し始めるとホワイトのいう「ユニークな結果」が見えてくる。つまり、問題に対してある程度コントロールできていたときや、困惑している状況や問題を解決し損なった体験を作っている物語によって隠されていた成功の物語などが見えてくる。成功の物語が見えてくると、個人は自分自身を責めなくなり、また家族はお互いにほかのメンバーを非難しなくなり、個人も家族も一致して問題をやっつけるために戦うことができるようになる。ホワイトらは、このプロセスを生み出すためにクライエントに一連の質問をする。それは、人と問題とは別個のものだということ、人は

問題をコントロールする力をもっていること、などである。こうしてクライアントは他者らの言葉などで書かれた問題と、それに侵された物語が自分にふさわしくないことを知り、それを書き換える。その結果、自分により信頼を置いた望ましい生き方を促進するような物語に沿った生き方をするようになる。これがオルタナティブストーリーへの書き換えであり、それにより「生きられた経験」を取り戻すことができ、自らの生を生きることができるのだ。このとき大切なのは、新たに生まれてきたオルタナティブストーリーもまた誰かに語られなければならないということである。

④他者との共有と新しい現実の構築
　③の段階で生まれたオルタナティブストーリーを他者に語り、それを聞き取る人々が存在することによって、その新しい物語をより確かなものにする。つまりストーリーを他者と共有することによってはじめて、問題を対象化し確かな社会的現実を得るといえる。
　以上がホワイトとエプストンのナラティブモデルの目的と方法である。

2　事例検討

　ここでは不登校の支援を例に、学校の精神保健の現場におけるナラティブアプローチの可能性を検討する。周知のとおり、不登校問題に対してはさまざまな援助機関が熱心に援助をおこなっている。しかしながら、こうした努力にもかかわらず、なぜ依然として不登校数は13万人以上も発生しているのだろうか。わが国の地域社会は不登校に対してどのような現実を構成しているのだろうか。また、不登校の子をもつ家族はどのような意味世界を構成して生活しているのだろうか。筆者は面接調査と現地調査をおこなった。
　なお、この調査に関して家族・職場・学校の了承を事前に得ていること、また家族のプライバシーに配慮して情報は可能な限り省略していることをお断りする。

(1) **面接調査**

①家族構成

　会社員の父（42歳）、専業主婦の母（41歳）、父方祖父（74歳）、父方祖母（73歳）、父方曾祖母（96歳）、兄（14歳）、Ａ男（12歳）、弟（6歳）の8人家族。主訴はＡ男の3カ月間の不登校であった。

②家族歴

　Ａ男の父は第3子の長男として、教師だった両親の元に生まれた。父の家系では多数が有名大学を卒業しており、俗にいうエリートの家系で地域でも名士として通っていた。曾祖母は祖父を幼いころからかわいがって育てたため、祖父が祖母と結婚後に仲良くすることを曾祖母は嫌っていた。その関係上、曾祖母と祖母との仲は悪かった。

　同様に、父も幼いころから祖母にかわいがられて育った。長男である父はＱ大学経済学部を卒業し大企業に就職した。その後、大学の文学部卒の母と見合い結婚をして男の子3子をもうけ、Ｐ市で父方の祖父母と曾祖母と3人の子どもの4世代生活を始めた。なお、Ａ男の兄はＱ大学の付属中学校に通っていた。

③不登校までの経緯

　Ａ男は自分の感情を表に出さず、自己主張をしない性格だった。友人は比較的多く成績はよかった。小学校4年生のとき長男と同じ大手の塾に通い始めた。同時期に6歳下の弟が病気で通院したが、両親は兄とＡ男にその事実を隠していた。三男の病気について語ることは家の恥として口外することを祖父母は禁止していた。事情を知らないＡ男は、「弟ばかりかわいがっていて全然平等じゃない」などと両親に抗議することもあった。

　小学校6年生からＡ男は塾で先生から授業態度などについて叱責を受けたため、塾への行き渋りを始めた。その後、体育の授業で組み体操をいやがるようになり、学校への登校も渋り始めた。2学期からは完全に不登校状態になった。

④来所までの経緯

　Ａ男の不登校後、両親はＡ男にその理由を尋ねた。Ａ男は「塾がいや」「体

育の組み体操がいや」「弟ばかりかわいがる」と答えた。両親は祖父母から「親のしつけが悪い」「学校に連れて行け」「行くのがあたり前」などと言われ、何も言い返せなかった。

　両親はA男の不登校から10日後、学校から紹介された相談所などでカウンセリングを受けた。しかし両親は具体的に何をすればいいのかわからない状態で、A男にも変化が見られなかった。A男の不登校1ヵ月後に父は、セラピストの著書を読んで出版社に電話をした後、直接セラピストに面接を依頼してセラピストの元に面接に訪れた。

⑤面接構造
　面接は計4回おこなわれた。そのうち父4回、母3回、A男が2回来談した。セラピスト（石川）とコ・セラピスト①（K.N）、コ・セラピスト②（筆者）が共同面接者として参加した。面接は内容から4期に分けられる。第1期は構造的家族療法と過去の語り直し、第2期は夫婦関係の改善、第3期は父の役割強化、第4期は問題解決への具体的介入だ。現在面接は終結して1年以上経過したが、A男は登校を継続して1日も休まずに学校に通っている。

⑥面接経過
（1）初回面接（父・母）
　コ・セラピスト②が家族を面接室に通すと、両親は着座しようとしなかった。コ・セラピスト②が着座を勧めるが、父は「とても緊張しています。お忙しいのに本当に申し訳ありません」と言った。セラピストが面接室に入ると、両親はようやく着座した。
　父は、「塾の行き渋りがあり塾は休ませたのですが、その後体育の組み体操をいやがったため、学校でのいじめが原因で不登校になったと思った。私たちはA男に学校に行かない理由や原因を聞き、学校に連れて行こうとしましたが全く行こうとしません。私たちは焦って学校から紹介された相談所などで相談しましたが、「子どもを見守ってください」とか「まだ（不登校になって）1ヵ月ならもう少し長い目で見てください」などと言われ、どうしたらいいのかわからなくなりました」と語った。
　一方、母は、「主人の祖父母から「両親のしつけが悪い」「甘やかしすぎた

からこうなった」と言われ、自分でも子育ての失敗でこうなったと思っています」と語った。

　セラピストは両親に、「ご両親は本当はどうしたいのですか?」と尋ねた。それに対して母は「祖父母からは私たちのしつけが悪いと言われ、自信を失っています」と答え、父は「もう少し長い目で見た方がいいのでしょうか」と言った。セラピストは「ご両親はどうしたいのですか?」と再度尋ねた。すると両親は「本当はA男を学校に連れて行きたいです」と答えた。セラピストは「A男を学校に連れて行きたいのですね?」と確認すると、父は「はい」と答えた。

　その後、家族の生活状況などを聞き、セラピストは面接の最後に、祖父母の隣にあるA男の部屋をほかに移すこと、父にとって母の存在の意味を考え直すこと、いままで兄とA男に内緒にしていた弟の病気のことを父の口からA男と兄に開示すること、の3点を宿題とした。

(2) 2回目面接（父・母・A男）

　夫婦面接とA男の個別面接の並行面接をおこなった。A一家は車で来ており、面接室近くまで来たときA男が車から降りるのを拒んだが、両親はA男を面接室まで連れてきた。A男は目をこすって何度もため息をつき、セラピストが話しかけてもうなずくだけだった。その後、夫婦面接、A男の個別面接の2つに分かれ、コ・セラピスト①はセラピストと夫婦面接に参加し、個別面接にはコ・セラピスト②が参加した。

　母は「ここに来るのをA男はいやがったのですが、私は「お母さんたちが話に行きたいからついてきてほしい」と言って連れてきました」と言った。セラピストは「私は今日A男君に会って、この子にはパワーがあると確信できました」と両親に言った。すると父は「ここに来る途中、A男が「お父さん、弱い自分でごめんね」と言ったんです。それを聞いて私は泣きそうになりましたがぐっとこらえて「親が責任をもって学校に行かせてあげるからね」と言いました。そうしたらA男はうなずいていました」と語った。

　セラピストは前回の宿題について尋ねた。父はA男と兄に弟の病気を開示し、それを聞いた2人は動揺することなく「わかった」と言ったという。「これでやっと第一ステップを乗り越えられたという気がしました」と父は語った。

部屋を移すことについては、父は祖父母に階下に部屋を移ってくれるよう頼んだ。ところが祖父母は、「A男の不登校は自分たちのせいなのか」と逆に怒って応じなかったという。そのとき、A男は両親に「両側がうるさいから部屋を変わりたい」と言ったため、両親は決意していままで倉庫にしていた部屋をA男の部屋に改装し、A男は部屋を移動することができた。父は「これまで自分の気持ちを言わなかったA男が自ら私たちに申し出たので、とても驚きました」と語った。セラピストは「すばらしいことですね。ぜひ快適な部屋にしてあげてください」と述べた。
　残された宿題である「お父さんにとってお母さんはどんな存在ですか?」という課題に対し、父はテレながらもやっと「必要としている人」と答えた。それを聞いて母は「うれしいです」と涙をぬぐった。
　一方、A男の個別面接でA男は、「家族は自分の気持ちをわかってくれない」「何もかもがいやになる」「受験のことを考えるとプレッシャーを感じる」「学校に行きたいけど、こんな状況だからレベルの高い学校には行けない、もうどうでもいい」と語った。

(3) 3回目面接(父)
　A男は面接に参加することを拒否し、父一人が面接に参加した。父は着座しながら、「A男を引っ張って連れてこようとしましたが、固く拒否したため無理したらいけないと思い一人で来ました」と語った。父の話では、母も同様にA男の顔色をうかがいながら接しているということだった。セラピストは「「無理に」というところに、両親の「学校には行きたくないのではないか」などの思い込みや、不登校の解決についての迷いがあるように思います。次回は親が主体的に責任を引き受けてA男を連れてきてください」と言った。
　セラピストは、①父が中心になって子どもらに家事分担を課し、役割を果たした子らに月末に父から小遣いを渡すこと、②A男の不登校の維持要因であるゲーム機を父が一時取り上げること、③担任を通してA男の友人に家に来てもらう、という3点を宿題とした。

(4) 4回目面接(父・母・A男)
　今回は両親がA男を連れて面接に参加した。A男は前々回と同様にため息をつき、目をこすっていた。セラピストの問いかけにもA男は顔を上げなか

った。すると父は「顔を上げろ」とＡ男に言った。Ａ男はため息をつきながら顔を上げ、コ・セラピスト②と別室に移った。

　前回の面接後、父が作った家事の役割表をＡ男が破ったという。セラピストが「大変でしたね」と言うと、母は「強く反抗されましたが、Ａ男はいままで怒りを表に出すことがなかったので、不思議ですがとても新鮮に感じました」と語った。その後、兄と弟が与えられた役割をしていたのを見たＡ男も手伝うようになったという。両親は「早くＡ男を学校に戻してあげたいです。Ａ男は毎日家で退屈だとぼやいています」と追加した。

　セラピストは「問題解決の時期に近づいたと思います。再登校の兆しが見えますね」と述べた。そして不登校解決に向けて両親が学校との調整や父の職場との調整をおこなう計画を立てた後に、「ご両親が協力してそれを乗り越えることできると確信しています」と述べ、面接を終結した。

　その１週間後、両親はＡ男の登校に付き添いＡ男は３日後に単独登校を開始した。その後１年間は休まず登校を継続している。

(2) 現地調査

　家族の居住している地域に筆者が出向き、視点を変えることで不登校の解決を検討した。筆者は、不登校の解決における社会的な現実がどのようにして形成されているのか、それは当該家族の不登校のドミナントストーリーとどのような関係があるのかを明らかにしたいと考えた。そこで、学校と父親の職場にインタビューをおこなった。

①自宅での家族面接（Ｘ年12月、Ｘ＋１年２月）

　Ａ男の家はＰ県の中心地から車で30分から40分ほど離れた住宅地にあった。両親とのインタビューは自宅の応接間でおこなった。

　⑴ Ａ男の再登校の様子

　再登校初日、両親とＡ男はともに学校に行った。Ａ男は授業を受けて友人と下校した。夕食は全部食べ、宿題と翌日の準備をすませて就寝した。翌日以降もＡ男は登校し、下校後に友人がＡ男宅に遊びに来た。夕食後、Ａ男は「マラソン大会があるからいやだなぁ」と言った。母が体育の授業の様子を見ている限りでは、Ａ男は心配ないと母は思った。休日に父が取り上げたゲ

ーム機の件で子どもらが抗議したが、父は頑として譲らなかった。子どもらはそれ以上は要求しなかった。両親は「普通の生活に戻れてうれしい」と語った。

　Ａ男は母に「やっぱり学校はいいなぁ」と言った。父親は「Ａ男は以前より自分の思ったことを口にするようになったため、驚いている」と語り、「Ａ男は中学受験のことで葛藤しているようだが、いまは自分が学歴重視という価値観から脱したため、Ａ男に「自分で将来のことを自由に決めてもいいよ」と言えた」と語った。

(2) Ａ男の半年前の不登校時の様子

　母は、「Ａ男に「…しないと〜になるよ」などと言ってＡ男を学校に連れ出そうとしたが、Ａ男は逆に部屋にこもってしまった」と語った。その後、母は市の教育相談機関や小児科などさまざまな相談機関に行ったが、「登校刺激をしない」「本人が決めるまで待つこと」「母親として温かく見守ること」としか言われなかった。その当時を振り返って母は、「両親の方が焦ってしまってさまざまなところに相談に駆け込んでいった。しかし焦りと不安がつのるばかりで、それをＡ男にぶつけていた。そのことがＡ男をますます不登校にさせていたと思う」と語った。一方父は、「何か具体的な方法がほしかった。長い目で見ることはできない。このままＡ男を家に閉じこもらせてはいけないと思った」と語り、また「塾を渋りだしたのが不登校の原因だと思い、それだけが悪いと決めつけていた」とも語った。

(3) 再登校後について

　それまで父は母に家のことを任せていたが、父も母に協力するようになり夫婦関係は改善した。父は家での決定権が自分ではなく祖父にあったことに気づき、いまは子どもたちに意識して父の存在を示すようになったという。

　母は「Ａ男は家族や友人に対して気を遣い、「いい子」だった。それに私たちは気づかなかった。家族旅行に出かけたとき、車のなかで沈黙になると必ずＡ男は一人でしゃべっていた。きっと家族関係の亀裂を恐れて精一杯気を遣っていたのではないか」と語った。コ・セラピスト①は「そのときのＡ男の裏側にどのような気持ちがあったと思われますか？」と質問した。母は一時黙って、「私たちと祖父母がけんかをしているのをずっと見てきたから、きっとその家族のけんかや分裂・亀裂を恐れていたと思う。とにかく家族に

は気を遣い、場が沈むと場を盛り上げて仲介役になっていたと思う」と述べた。

コ・セラピスト①は「それに疲れて不登校という手段で家族にSOSを出していたのでしょうか」と質問すると、母は「そうかもしれない。私たちはそれに気づかなかった。しかしいまは、A男も自身の気持ちを話せるようになり私たちも理解できるようになった」と語った。父は「いままで自分たちの考えを子らに押し付けてきた。これだけしかない、だからこうしなさい、という言葉が子らに負担を与えてきた。それに気づいた」と語った。父は続けて「不登校問題は当事者でないと本当に理解することができない。学校の教員や上司は励ましてくれるが、本当の意味では理解してくれない。私はいままで、不登校は本人の甘えや怠けが原因と思っていた。しかし実体験し、さまざまなことに気づいた。なぜ不登校になるのかという原因ばかりを追求し、それだけしか見ようとせずにほかのことを見ようとしなかったということに気づいた。本当にいろいろなことが見えた」と語った。

②父の職場での職場の上司との面接（X＋1年2月）

父の職場は都心から電車で約1時間のところにあった。コ・セラピスト①とコ・セラピスト②は、会社で父のいちばんの協力者になってくれたという課長にインタビューした。

コ・セラピスト①は職場で工夫したことについて質問した。課長は「工夫は特にしていない。ただ休みを与えるという配慮をしただけ。結局は自分たちのプライベートな問題だから、自分で解決するべきだろう。それを仕事にまで持ち込むことはないように休みを与えるという配慮をするだけだった」と語った。

課長に対してコ・セラピスト①らはねぎらいの言葉をかけた。課長は、「やはり家庭があって仕事があると考えている。家庭の問題は仕事にも影響してくると思う。仕事と家庭の両立というのは難しい。どちらを優先させるかは本人が決めることだが、ただ家庭の問題を仕事に持ち込まれると仕事も成り立たない。だから家庭をしっかりとしていかないといけないだろう。最近は仕事でのストレスでうつ病になってしまうことも多いため、会社をうまく機能させていかなければならないと思う。何か悩み事があれば気軽に上司

に相談してきてほしい。やはり家庭の問題は父親が中心になって解決していくことが大切だと思う」と語った。

③小学校での教員との面接（X＋1年2月）
　インタビューは教頭室でA男の女性の担任と教頭の教員2人におこなった。担任はA男の不登校時の状況の記録をもとに、学校での経過を語った。
　A男が学校に来なくなった初日、母から「体調が悪いので休ませてください」と電話があった。それ以降A男は学校に来なかった。担任はこのとき、カゼが長引いているのだろうと思っていた。数日後、「連れて行こうとしたけど無理だった」と母からの電話を受け、担任は「無理に連れてこないでください」と言った。次の日、A男は電話で担任に「組み体操がいや」と言った。担任は「組み体操がいやならしなくてもいいよ」と言った。それ以後、担任は毎日家庭訪問のなかで「無理しないでいい」とA男に言っていた。
　担任は教頭に相談し、教育相談所を母に紹介した。また、体育大会後にA男は登校すると思っていたが来なかったため、担任は家庭訪問を続けた。そのころから父はセラピストの面接を受けるようになったため、家庭訪問は一時中止された。しかし「A男を学校に連れて行きますので、よろしくお願いします」という電話が両親から入り、調整をおこなった。
　登校予定日、両親の付き添いでA男は学校に来た。担任は教室までA男を連れて行った。A男は普段と変わりなく授業や体育に出席した。クラブでも楽しそうに参加した。担任は「とても驚いている」「A男は学校に来たいと思っていたんですね」と語った。
　コ・セラピスト①は「学校はどのような工夫をされたのですか?」と質問した。教頭は「A男と学校との関係を切らないようにした。学校との関係を切ってしまうとA男が登校したいというときに来られなくなってしまうから」と語った。
　また担任は、「私の子どもも2年ほど不登校になった経験があった。そのときは本当に「なぜ自分の子どもが不登校なの」とパニックになった。私も同じつらい経験をしていたため、A男の母の気持ちがよくわかった。不登校問題は母だけに任せるのではなく、夫婦で協力していかないといけないと思う」と語った。

3 調査結果

　面接調査と現地調査での語りの変化から明らかになったことは以下のとおりである。家族や地域社会は不登校の問題と子を同一視して解決を志向していた。家族や学校、さまざまな相談機関は子にやさしく接して「学校に行かなくてもいい」と言ったり、学校以外の心の居場所づくりを形成したり、学校教育の見直しをしたりという解決を図っていた。
　この解決方法をナラティブの観点から考えると、不登校の背景は学校教育にあり、学校が変われば子が登校するというドミナントストーリーが示唆される。学校に変化の対象をおいて解決を図っている。その解決の方法が問題を悪化させていたことがわかった。さらに子どもを責めたり、子どもにやさしく接したりという解決の方法をとっていた背景に、子を変化の対象と捉え、子の心が変化すれば不登校は解決できるというドミナントストーリーもあったということがわかった。
　つまり、現在主流である不登校の対応方法は、原因になった対象に変化を求めるという構図になっている。ナラティブの観点から捉えると不登校の原因探しこそがドミナントストーリーということになる。しかしその他人任せで受動的な解決の方法（受け身で、自らが解決せずに他人に解決を求めること）が偽解決パターンを形成して問題を悪化させ、さらに強化させていたということが示唆された。
　この偽解決パターンの構図から脱したい、変化したいと家族は援助を求めてきた。そのことは家族が次のように語ったことからわかった。それは「いままでさまざまなところに相談に行ったのですが、どこも「子どもをそっとしてあげてください」「やさしくしてください」と言われた。しかしそれは

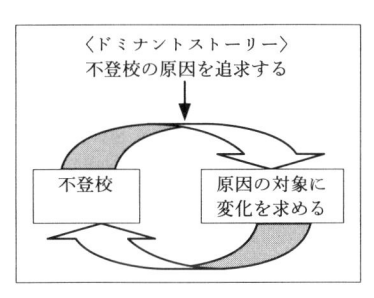

図1　不登校の偽解決パターン

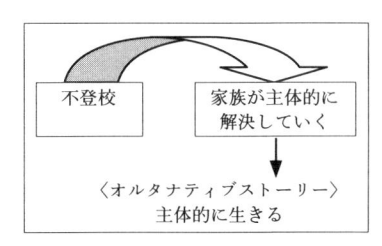

図2　不登校の解決

納得がいきません。なんとかしたいです」という語りだった。

　支援は家族が不登校の原因を追求するというドミナントストーリーから脱出し、主体的に不登校を解決するのを後押しすることだった。支援者は家族の思い込みや決めつけを読み取り、それらを解体し新しい現実を取り入れることを促す質問を展開した。

　そのプロセスをへて家族は不登校を解決し、最終的には自己肯定感と自己回復感を獲得し、主体的に生きるというオルタナティブストーリーへと変化させていった。また、家族は地域社会にもはたらきかけて不登校を解決していった。その家族の解決のプロセスとはたらきかけによって地域社会もドミナントストーリーにとらわれていたことに気づいた。

　つまり、主体的に生きるというオルタナティブストーリーへの変換は個人・家族・地域社会の相互関係のなかで成し遂げられていったということが示唆された。

4　考察

　以上の調査結果から、ナラティブの概念を用いて問題解決の本質とアプローチの視点について考察した。

(1) ドミナントストーリーと偽解決

　私たちは各自でさまざまなストーリーを形成しているが、ストーリーには階層性があり、システム間で相互に影響し合って意味が強化されるという特徴をもっている。それがドミナントストーリーとして偽解決パターンを生む場合もある。不登校の解決におけるストーリーも、ドミナントストーリーとして偽解決パターンを生んでいた一つであることが考えられた。つまり、不登校は何らかに原因があるというドミナントストーリーをさまざまなシステムの間で形成し、そこに変化の対象を求めて不登校の解決を志向する方法が偽解決パターンを生んでいたことが示唆されたのである。

　筆者は各レベルのシステムで形成されている不登校の解決におけるドミナントストーリーをジェームズ・グリーア・ミラーの一般生物体システム論の[11]

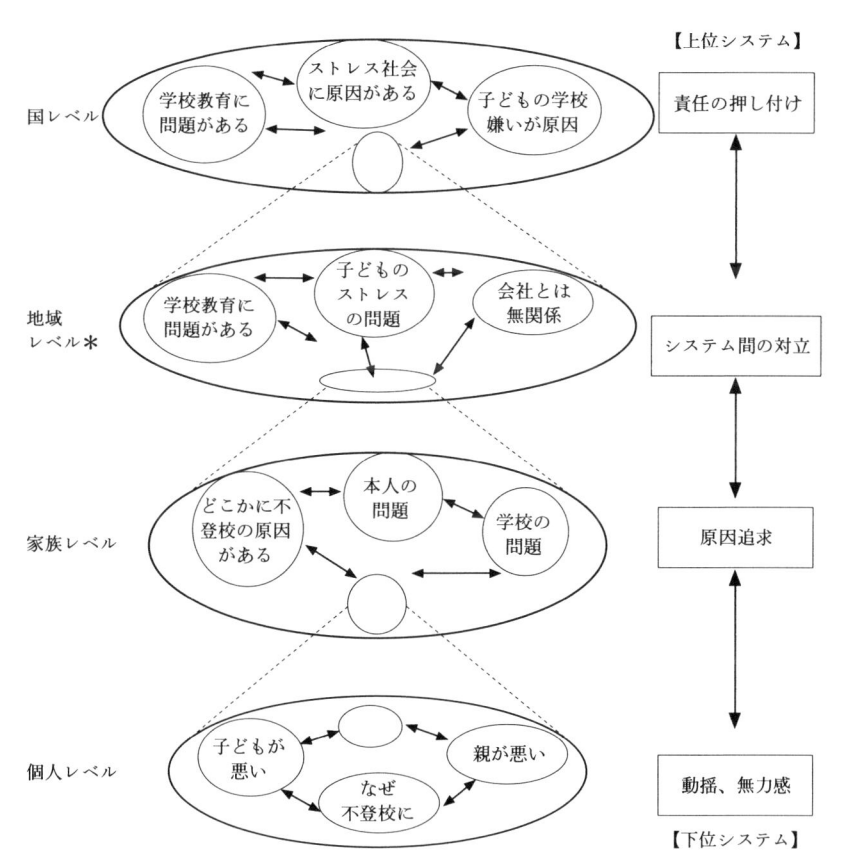

図3　不登校の解決におけるドミナントストーリーの階層図

階層図を参考にしながら独自に図形化した。それを図3に示している。

　現在、わが国の不登校の解決におけるドミナントストーリーは、図3のように上位システムである国レベルから地域・家族・個人レベルの下位システムに影響を与え、下位システムから上位システムに還元していくという階層性のなかで意味を強化していると考えることができる。また、同一レベルのシステム間でもドミナントストーリーが相互に影響し合い、意味を強化し合

第6章　学校の精神保健でのナラティブアプローチの提案——175

っているとも考えられる。

(2) オルタナティブストーリーと解決

　ストーリーが多様な現実や価値観を認める地域社会の構築という方向性をもったとき、その実現に向けてストーリーが再構成（オルタナティブストーリーに変化）される可能性も示唆された。この場合、個人レベルを上位システムとしてそのストーリーが変化することによって、下位システムの国レベルへと影響を与えていくという特性もあると筆者は考えた。

　この調査の場合、家族がドミナントストーリーから脱したいと望んで面接に訪れ、不登校を解決することができたという自覚と自信を得て、主体的に生きるというオルタナティブストーリーへと変化していった。それに伴い、家族と関わりのある学校や職場のストーリーも変化していったことが示唆された。つまり、オルタナティブストーリーもシステム間で相互に影響し合っていると考えられる。

　図4は不登校におけるオルタナティブストーリーの階層性を示した図である。オルタナティブストーリーの階層性は、図3のドミナントストーリーの階層性とは異なる。ここでは個人システムを上位システムと定義づけ、国システムを下位システムと定義づけた。なぜなら、個人システムのストーリーの変化に影響を受けて家族・地域・国システムのストーリーの変換へとつながっていくプロセスをたどることこそナラティブアプローチの目的であると筆者は考えるからである。

おわりに

　ナラティブアプローチとは個々人の語りを大切にすることによって多様な現実や多様な価値観を認める地域社会を構築し、また個々人がより望ましい生き方を送ることができる社会システムを志向する一つの方法ではないかと考える。

　現代社会は多様性を強めている。したがって今後の援助に求められることは、多様な語りを生み出す場や機会を提供すること、個々人の語りを大切に

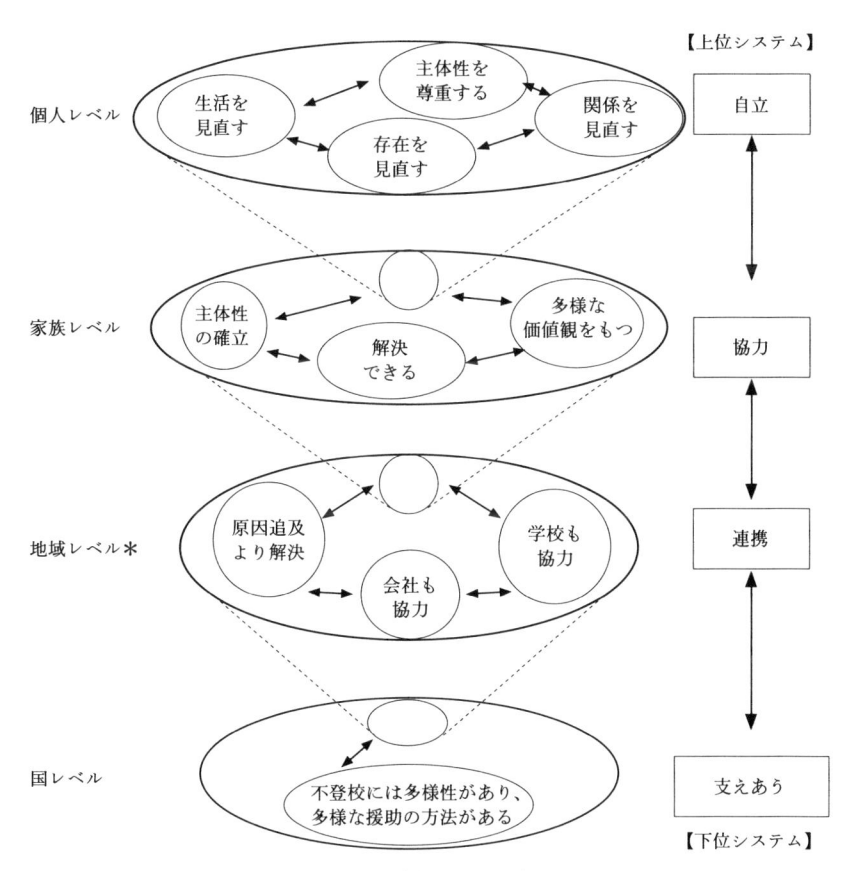

```
【上位システム】

個人レベル    生活を    主体性を    関係を         自立
              見直す    尊重する    見直す
                        存在を
                        見直す

家族レベル    主体性    解決    多様な          協力
              の確立    できる  価値観をもつ

地域レベル*   原因追及  会社も  学校も          連携
              より解決  協力    協力

国レベル      不登校には多様性があり、          支えあう
              多様な援助の方法がある

【下位システム】
```

＊図は上位システムの動きと下位システムの動きが相互関係にあることを示した。
＊ここでいう「地域」とは筆者が現地調査をおこなった学校と職場をさしている。それ以外の機関（民間機関、マスメディア、行政、医療機関など）は国システムに含むことにする。

図4　不登校のオルタナティブストーリーの階層図

して主体性を引き出し解決の能力を高めること、すなわち個々人のエンパワーメントを引き出す支援をおこなうこと、である。その点でナラティブアプローチは今後の学校の精神保健の支援モデルとして提案できるのではないかと考えた。そして支援方法は不登校などの多彩な学校の保健活動の対応にも活用することができるのではないかと考えた。

　ここでは不登校事例から考察をしたが、筆者は本章を書き進めていくうち

に、ナラティブアプローチとは主に4つの重要な質問を中心として構成されるのではないかと考えた。そこで最後に、筆者が考えたこの方法の実践モデルの試案を簡単に紹介して本章を締めくくる。
①「本当はどうしたいのですか?」「どうありたいですか?」
②「どんなことで困っていますか?」「問題があなたの生活にどう影響していますか?」
③「いまできることは何でしょう」「目標に向かってどうしたらいいでしょう」
④「解決するためにはどうしたらいいでしょう」
という質問の4つだ。

　以上のような質問を援助者が活用することによって、クライエントがそれまでドミナントストーリーにとらわれて解決できなかった問題を解決し主体的に生きるというオルタナティブストーリーに書き換えていくことができると考えた。またこれがナラティブアプローチの目的であり、不登校などの学校の精神保健活動にも有用なのではないかと考える。

注

(1) Michael White and David Epston, *Narrative Means to Therapeutic Ends*, W.W.Norton.New York,1990.（マイケル・ホワイト／デビット・エプストン『物語としての家族』小森康永訳、金剛出版、1992年

(2) Howard Goldstein, *Social Work Practice: A Unitary Approach.Columbia*, University of South Carolina Press, 1973.

(3) ハーレーン・アンダーソン、ハーレーン・アンダーソン・ワークショップ資料、矢野かおり訳、2002年。Goolishian, H & Anderson, H, "Understanding the therapeutic system : from individuals and families to systems in language", in Florence W. and Kaslow ed., *Voices in Family Psychology*, Sage Publications, Newbury Park, C.A, 1990.

(4) Tom Andersen,*The Reflecting Team : Dialogues and Dialogues about the Dialogues, Broadstain*, Kent, UK:Borgmann, 1990.（トム・アンデルセン『リフレクティング・プロセス――会話における会話と会話』鈴木浩二監訳、金剛出版、2001年）

(5) 浅野智彦『自己への物語論的接近――家族療法から社会学へ』勁草書房、2001

年
(6) 木原活信「ナラティブ・モデルとソーシャルワーク」、加茂陽編『ソーシャルワーク理論を学ぶ人のために』所収、世界思想社、2000年、53-84ページ
(7) 平木典子『家族との心理臨床――初心者のために』(シリーズ「心理臨床セミナー」第2巻)、垣内出版、1998年
(8) 同書
(9) 同書
(10) 野口裕二『物語としてのケア――ナラティブ・アプローチの世界へ』(シリーズケアをひらく)、医学書院、2002年
(11) 遊佐安一郎『家族療法入門――システムズ・アプローチの理論と実際』星和書店、1984年

参考文献

ハーレーン・アンダーソン『会話・言語・そして可能性――コラボレイティブとは？セラピーとは？』野村直樹／青木義子／吉川悟訳、金剛出版、2001年
柴原(鵜飼)彩子「ナラティブアプローチを用いた不登校援助の研究――2事例の面接調査と現地調査からの考察」修士論文、川崎医療福祉大学、2004年

あとがき

石川瞭子

「問題解決とは正義なり」とM・ミードは述べている。どのような高貴な理論も、どのような高尚な実践も、どのような高等な専門職も、目の前の児童・生徒と保護者と学校が抱える問題を解決できなければ正義ではない。「待つように」とだけ述べる支援者は確かにいる。待つことで解決できることもある。しかし、待つことで新たな問題が発生してしまうこともある。特に子ども虐待は待つことを許さない。

事例をあげるまでもなく、わが国は現在、過去に経験したことがないほどの暴力の時代になっている。子ども虐待の増加だけでなく夫婦間暴力（DV）や校内暴力、繰り返される殺人事件や傷害事件、誹謗中傷によるブログの炎上やいじめのチェーンメールなど目に見えない暴力も蔓延している。そうしたなかで、社会福祉士の資格をもったスクールソーシャルワーカーが学校教育現場に登場する。期待が高まるのは当然である。

いま、学校は大きく変わろうとしている。またすでに大きく変化した学校も相当数見受けられる。専門家集団化している学校も登場している。そうしたなか、スクールソーシャルワーカーがどのようにして自らの存在意義を見出し社会貢献していくか、自己の確立を果たし独自性をもった専門職として社会正義の構築に参加するか、が問われる。それは一日にして成せることではないが、勇気をもった一歩から始めるしかない。

本書の第1章で門田光司が、児童・生徒の教育を受ける機会や権利が妨げられることは不平等なことで、人権と社会正義のためスクールソーシャルワーカーが学校教育現場で必要とされている、と述べた。第2章では、水野善親が経営者の立場で現在の学校教育現場の実情を述べながら、保護者や地域などへの児童・生徒を取り巻く環境へのはたらきかけの必要性を複数の訪問聴取から検討した。第3章では、佐藤量子がアメリカでの先駆的な取り組みを紹介しながら、スクールカウンセラーとどのように連携していくか事例を用いて検討した。第4章では、藤井茂樹が特別支援教育という領域で、多様性を増す児童・生徒の発達上の問題に対処するにあたってスクールソーシャ

ルワーカーに寄せる期待を事例から検討している。第5章では筆者が、12事例を用いてスクールソーシャルワーカーの職業同一性は学校精神保健に軸足を置くことで達成できるのではないか、その際、問題の構図を理解することから始めたいと説いた。第6章では、地域精神保健を担う立場で鵜飼彩子がナラティブアプローチを不登校事例で検討し「見守る」というドミナントストーリーから「普通の生活を取り戻したい」というオルタナティブストーリーに書き換えるプロセスを紹介した。

　以上のように、児童・生徒のために混迷を深める学校教育現場をよりよい生活の場とするためにスクールソーシャルワーカーとして何ができるか検討した。学校現場で発生する諸問題は社会問題の縮図だ。問題解決の第一歩は主訴・症状・問題を見極めることである。そして見立て・手立て・見通しを整理し、解決の優先順位をつけ、必要があれば他職種や多機関との連携や社会資源との調整をし、もって児童と家庭の福祉の向上に貢献したいものである。本書が、スクールソーシャルワーカーの職業同一性の確立に多少なりにも貢献できることを願ってやまない。

謝辞　　　　　　　　　　　　　　　　　　　　　石川瞭子

　本書を閉じるにあたって以下の方に深謝申し上げます。まず、小児科の医師で私たちにたくさんの勇気を与えてくださったお父さんへ。手記で私たちも感涙を流しました。お父さんの家族に対する愛を知り、わが国の父親もまんざらではないことを知りました。そして西岡弥生氏と新井真理子氏。両氏は筆者の臨床を手伝ってくれました。紙面を借りて感謝申し上げます。本書では門田光司氏、水野善親氏、佐藤量子氏、藤井茂樹氏、鵜飼彩子氏の協力を得ました。どの方も筆者に劣らず多忙ななかで快く執筆を引き受けてくださいました。深甚から感謝申し上げます。そして今回も青弓社の矢野恵二氏のお世話になりました。ありがとうございました。

[著者略歴]
門田光司（かどた　こうじ）
福岡県立大学教授、社会福祉士、臨床心理士、博士（社会福祉学）
著書に『学校ソーシャルワーク入門』（中央法規出版）、『スクールソーシャルワーカーのしごと』（中央法規出版）、編著に『スクールソーシャルワーカー養成テキスト』（中央法規出版）ほか

水野善親（みずの　よしちか）
安田女子中学高等学校校長
共著に『子どもの死と再生』（渓水社）ほか

佐藤量子（さとう　りょうこ）
川崎医療福祉大学非常勤講師、臨床心理士
共著に『学習に苦戦する子』（図書文化社）、『子どもの性虐待』（誠信書房）、『不登校を解決する条件』（青弓社）

藤井茂樹（ふじい　しげき）
独立行政法人国立特別支援教育総合研究所総括研究員、特別支援教育士スーパーバイザー
共著に『発達障害はじめの一歩』（少年写真新聞社）、『乳幼児臨床発達学の基礎』（培風館）、『言語獲得期の発達』（ナカニシヤ出版）ほか

鵜飼彩子（うかい　あやこ）
精神保健福祉士、社会福祉士。現在、伊丹市健康福祉部健康生活室障害福祉課に勤務

[編著者略歴]
石川瞭子（いしかわ　りょうこ）
日本社会事業大学社会福祉学研究科後期博士課程修了。認定臨床心理士、博士（社会福祉学）
川崎医療福祉大学医療福祉学部准教授を経て、現在、創造学園大学ソーシャルワーク学部教授
著書に『不登校から脱出する方法』（青弓社）、『子どもの性虐待』（誠信書房）、編著書に『不登校を解決する条件』（青弓社）、『性虐待をふせぐ』（誠信書房）、『性虐待の未然防止』（至文堂）、共著に『精神保健学』（中央法規出版）、『「現場」のちから』（誠信書房）ほか

スクールソーシャルワークの実践方法

発行	2009年8月20日　第1刷	
定価	2000円＋税	
編著者	石川瞭子	
発行者	矢野恵二	
発行所	株式会社青弓社	
	〒101-0061 東京都千代田区三崎町3-3-4	
	電話 03-3265-8548（代）	
	http://www.seikyusha.co.jp	
印刷所	厚徳社	
製本所	厚徳社	

©2009
ISBN978-4-7872-3303-5 C0036

石川瞭子／西岡弥生／佐藤量子／辻 孝弘 ほか
不登校を解決する条件
中・高生を中心に

もう一度学校に行きたい！ 再登校するために親はどのように対処すればいいのか。15歳から20歳までの不登校の多くの事例を振り返り、子どもたちの不登校の特徴とそれに対する援助の方法、解決の条件を提示する。　1600円＋税

石川良子
ひきこもりの〈ゴール〉
「就労」でもなく「対人関係」でもなく

多くの批判にさらされ、「回復」へと駆り立てられるひきこもりの〈当事者〉たちが抱く不安や焦燥を聞き取り調査から描き、必要なのはむやみに回復をめざさせるのではなく、彼／彼女らを理解することだと主張する。　1600円＋税

崎山治男／伊藤智樹／佐藤 恵／三井さよ ほか
〈支援〉の社会学
現場に向き合う思考

犯罪被害者、被災者、障害者など困難を抱える当事者とそれを支える人々の経験は、どのようにすくい取れるのか。それぞれの現場に向き合い、制度から排除される人々に寄り添うことがいかに重要かを明示する。　2800円＋税

沢山美果子／岩上真珠／立山徳子／赤川 学 ほか
「家族」はどこへいく

少子化・高齢化・晩婚化が進むなかで、DVや児童虐待、子殺し・親殺しなど「家族」がきわめて今日的な問題として浮上している。江戸期から現在までの家族の変容、地域と家族の関係性から家族の現在を考察する。　1600円＋税

斉藤智弘
臨床心理士になる方法

カウンセリングの需要が高まっている。臨床心理士専門予備校を主宰する著者が、仕事の内容、専門性について、指定大学院に合格するための勉強法、資格試験の概要、就職の仕方などを具体的に解説する職業ガイド。　1600円＋税